나는 **안식**과 결혼하였다

나는 안식과 결혼하였다

윤남옥

메누하

글을 열며

저의 신앙생활 가운데 가장 감동적인 때는 안식일의 개념과 만난 때였습니다. 안식일의 개념이 열리면서 인생이 다시 열렸습니다. 공간에 계시지 않고 안식일, 영원한 시간 가운데 계신 하나님, 그 시간의 지성소를 깨달은 다음, 저는 전혀 새로운 세계를 걷고 있는 듯 하였습니다. 하나님께서 이스라엘 백성과 안식일을 결혼(탈무드 용어로 성화가 결혼이라는 뜻)시키셨다고 하는데 저도 그 안식일과 결혼하였습니다. 바로 그 안식의 주인이신 주님과 결혼하였습니다. 그리고 그 복을 주시고 구별된 날에 거룩을 임파테이션을 받았습니다. 그러면서 제가 누린 그 메누하의 축복, 그것은 너무 신성해서 글로 표현하기가 어렵습니다. 하지만 하나님께서 힘을 주셔서 다시 펜을 들었습니다. 이 귀하고 거룩하고 영원한 진리, 메누하의 축복을 여러분들과 나누게 되기를 바라면서 이 책자를 여러분 앞에 내어놓습니다. 또 누군가가 이 책을 읽고 저와 같은 감동을 받을 수 있기를 원합니다. 그래서 생활도 목회도 전적으로 변화되기를 기도합니다.

함께 메누하에 목마름을 갖고 거룩한 행진을 하고 있는 메누하의 모든 식구들에게 이 책을 드립니다. 또한 메누하가 무슨 뜻이냐고 묻는 분들에게 이 책자를 드립니다. 그리고 영원 속에서 저를 쉬게 하시는 주님께, 이 현실에서 저를 쉬도록 도와주는 남편 목사님에게 깊은 감사를 드립니다.

2010년 여름 캘리포니아에서

윤남옥

차례

글을 열며 … 5

1 공간의 지성소에서 시간의 지성소로 / 11
2 제7일에 창조된 메누하 / 39
3 나는 안식(메누하)과 결혼하였다 / 48
4 제6일의 가정에서 제7일의 가정으로 / 85
5 제6일의 언어에서 제7일의 언어로 / 93
6 제6일의 시간에서
　하루가 천 년 같이 천 년이 하루같이 / 106
7 제6일에 정복당한 자들의 마지막 / 115
8 메누하와 성만찬 / 133
9 잃어버린 메누하를 찾아서 / 147
10 메누하 지수(M.Q.) / 160
11 메누하의 선교적 사명 / 168

하나님이 그가 하시던 일을 일곱째 날에 마치시니
그가 하시던 모든 일을 그치고 일곱째 날에 안식하시니라
하나님이 그 일곱째 날을 복되게 하사 거룩하게 하셨으니

이는 하나님이 그 창조하시며 만드시던 모든 일을 마치시고
그날에 안식하셨음이니라

나는 안식(메누하)과 결혼하였다

공간의 지성소에서 시간의 지성소로

"하나님이 그가 하시던 일을 일곱째 날에 마치시니 그가 하시던 모든 일을 그치고 일곱째 날에 안식하시니라 하나님이 그 일곱째 날을 복되게 하사 거룩하게 하셨으니 이는 하나님이 그 창조하시며 만드시던 모든 일을 마치시고 그날에 안식하셨음이니라"(창 2:2,3).

오래간 만에 쉴 시간을 얻었습니다. 한국과 중동에서 바쁘게 보낸 저는 미국으로 돌아와서 뒤뜰에 꽃을 심고 창고를 청소하였습니다. 오랫동안 맨 땅 상태로 둔 뒤뜰에 아름다운 꽃들을 심고 물을 주며 행복을 누렸습니다. 하나님께서 2년 전에 저의 집을 천국과 같이 만들라고 하셔서 뒤뜰을 아름다운 천국정원으로 꾸밀 생각을 하고 있었습니다. 이번에 많은 꽃을 심었는데 정말 아름다운 하늘정원으로 되어갈 것을 소망하고 기도하고 있습니다.

그러나 뒤뜰보다도 더 마음에 부담을 주는 곳이 바로 창고였습니다. 앞으로 딸네 가족과 아들 가족이 온다고 하는데 창고는 그야말로 발도 들여놓을 틈도 없이 온갖 물건으로 가득 쌓여있었습니다. 그것의 주범은 바로 저의 책들입니다. 그동안 출판된 책들이 쌓여 있어서 창고는 정말 아수라장이었습니다. 중동에 가 있는 딸네 가족이 남기고 간 물건들, 그리고 아들이 한국에 가면서 남기고 간 물건들도 함께 아수라장의 주범이 되었습니다. 감사하게도 남편 목사님이 정돈하는데 도와주어서 십년 묵은 체증이 내려가는 것 같은 후련함을 느꼈습니다.

그리고 저는 며칠을 호텔에서 머물렀습니다. 왜냐하면 정원을 가꾸고, 창고를 정리하면서 기도의 시간을 갖지 못하였기 때문입니다. 기도원에 가면 잠자리가 불편하고 남들이 기도하는 것에 신경을 써야 하고, 집에 있으면 오는 전화, 가는 전화 다 신경 써야 하고, 정신을 집중해서 무엇을 할 수가 없기 때문입니다. 남편 목사님이 잡아 준 호텔에 방콕(?)을 하면서 기도를 하기 시작하였습니다. 그때 하나님이 저에게 계시하여 주신 것은 "내가 목마르다."라는 말씀이었습니다. 저는 주님의 목마름에 함께 목마름을 느끼면서 목마름의 기도를 하며 책을 써 내려갔습니다. 그러나 다 써 놓은 이 글을 전면 수정하게 되었는데 그것은 제가 창고 정리를 하면서 발견한 2001년도의 일기 책 때문이었습니다. 그 일기에는(5월 27일) 이런 글이 쓰여 있습니다.

"아브라함 죠수아 헤셀의 『안식일』(시간 속의 지성소)이라는 책을 리승수 목사님(은퇴하심: 전 일동교회 담임)의 서재에서 발견하여 단번에 읽어버렸다. 이 책은 내가 세상에 태어나서 읽은 책 가운데 가장 충격적인 책이다. 이토록 분명하게 안식일을 설명한 책이 또 어디 있을까? 아! 한권의 책이 이토록 소중한 통찰을 주게 될 줄은 몰랐다. 두서너 번 읽었다. 그리고 기록했다. 한 줄 한 줄에 감격과 통찰을 가지고 있었다. 그리고 이러한 책이 그동안 한국에서 알려지지도 않았고 잘 팔리지도 않았다는데 더 놀라지 않을 수 없었다. 나는 정말 좋은 책, 깊은 통찰의 책을 출판해야 하는 당위성을 갖게 되었다."

아브라함 죠수아 헤셀(유대교 랍비)의 『안식일』(오만규 옮김, 성광문화사, 1991년)은 저에게 큰 패러다임 쉬프트(발상의 전환)를 일으켰습니다. 그 당시에는 목회자들을 위한 브라이드 캠프를 하던 중이었는데 저는 성광문화사에 연락하여 남아있는 책 40여 권을 전부 샀습니다. 저는 목사님들과 이 책을 브라이드 캠프의 교재로 삼으면서 함께 감격을 나누었습니다. 후에 이 책은 『안식』(김순현 역, 복있는사람)이란 제목으로 다시 출판되었다고 들었습니다.

그 책에서 발견한 메누하의 개념, 이것도 저의 인생을 바꾸어 놓았습니다. 메누하는 저에게 새로운 세계를 열어주었고, 시간 속의 지성소로서의 안식일의 개념은 저의 눈을 영원으로 향하게 하였습니다.

그때부터 저의 사역의 이름은 메누하 사역이 되었습니다. 메누하 치유 집회, 메누하 목회자 학교, 메누하 사모 학교, 메누하 건강 캠프, 메누하 건강식품, 메누하 영성훈련교재, 모든 것에 메누하라는 이름이 붙었습니다. 그래서 가끔 메누하가 무슨 뜻인지 물어보는 사람들이 많습니다.

사실 저도 이 메누하의 개념을 헤셸의 책에서 알게 되었고 구약을 전공하고 있던 후배 목사님에게 물어서 그 의미를 다시 확인하였습니다. 메누하는 '쉴만한' 이라는 형용사였습니다(아브라함 죠수아 헤셸, 『안식일』 34쪽).

"그가 나를 푸른 풀밭에 누이시며 쉴만한(메누하) 물가로 인도하시는도다"(시 23:2).

안식일 : 시간의 지성소

한번 헤셸의 책으로 들어가 보겠습니다.

헤셸은 안식일을 설명하기 위하여 공간과 시간의 개념을 설명하고 있습니다. 공간에서는 주로 보이는 것, 그리고 소유하는 것에 관심이 있습니다. 그래서 이러한 것들, 물리적인 것들을 소유하기 위하여 힘을 사용합니다. 그 힘은 강한 자들의 정복이라는 욕망에 도구로 사용됩니다. 하지만 시간은 소유하는 개념이 없습니다. 그리고 소유할 수도 없습니다. 보이지 않는 시간은 흐를 뿐이고 우리가 가질 수도 그 안에 들어갈 수도 없습니다. 시간의 중심에는 존재가 있습니다. 그리고 공간은 보이는 반면에 시간은 보이지 않습니다. 헤셀은 그러한 시간 안에 주님이 계시고 그 시간은 영원을 향하여 열려있는 문이라고 하였습니다.

"시간의 왕국은 삶의 목표를 획득에게가 아니라 존재에, 소유함에가 아니라 주는 데에, 지배가 아니라 분배에, 정복에게가 아니라 조화에 두는 나라이다. 생명은 공간의 지배와 공간의 물체의 획득을 유일한 관심사로 삼을 때 잘못 되는 것이다"(同書, 9쪽).

헤셀은 범신론이나 다신론이나 이 모든 것의 오류는 보이는 것에서 하나님을 찾는데 있다고 지적합니다. 하나님은 보이지 않습니다. 하나님은 공간 속에 보이는 것으로 존재하지 않으십니다. 그분은 물체가 아니기 때문입니다. 물론 자연 속에서도 존재하지 않으십니다. 주님은 영원이라는 곳에, 그리고 역사라는 곳에 존재하십니다. 즉 영원이라는 시간 안에 존재하십니다. 이미 하나님이 보이는 무엇인가로 만들어졌다면 그것은 이미 하나님이 아니라 물체일 것입니다. 그래서 십계명에는 하나님에 대한 어떤 이미지도 만들지 말며, 그 이미지와 형상 앞에서 무릎 꿇지 말라고 하셨습니다. 그렇게 만든 형상은 이미 하나님이 아니라 물체이기 때문입니다.

"너를 위하여 새긴 우상을 만들지 말며 또 위로 하늘에 있는 것이나 아래로 땅에 있는 것이나 땅 아래 물속에 있는 것의 어떤 형상도 만들지 말며"(출 20:4)

이 세상에 모든 지도자들은 공간을 확보하기 위하여 자신의 힘과 물질, 시간을 낭비하였습니다. 그러나 예수님이나 사도 바울, 베드로는 그렇게 공간을 확장해본 적도 없고 정복한 적도 없습니다. 그들에게 힘을 준 것은 공간이 아니라 하나님과의 거룩한 대면이었습니다. 시간의 지성소에서 만나주시는 거룩한 임재와의 대면이었습니다. 헤셀은 사람들이 힘을 얻는 것은 소유에 있지 않고 거룩한 대면에 있다고 말합니다. 이 지적은 참으로 놀라운 것이 아닐 수 없습니다.

"영적인 삶의 차원 높은 목표는 지식의 재산을 축적하는 데에 있지 않고 거룩한 순간들을 직면하는 데에 있다. 종교적인 경험에 있어서 사람에게 힘을 주는 것은 물체가 아니라 영적인 대면이다"(同書, 13쪽).

공간은 시간이 끝나면 이 세상에 두고 가야 합니다. 하지만 시간은 계속됩니다. 그 시간은 영원과 연결되어 있고 그 시간 안에 있는 존재는 영원히 계속됩니다. 공간은 시간을 지배하지 못하지만 시간은 공간을 지배합니다. 알렉산더 대제같이 세계를 정복하였던 사람도 그의 시간이 끝나자 공간을 고스란히 두고 갔습니다. 그리고 더 이상 알렉산더에게는 어떤 힘도 남아있지 않았습니다. 하지만 어떤 공간도 확보하지 않았던 주님과 그의 제자들은 역사와 시간 속에 영원히 남아 있습니다.

성경은 공간에 대해서보다는 시간과 역사에 대하여 더 많은 관심을 나타내고 있습니다. 그래서 이스라엘의 하나님은 특별합니다. 다른 종교에서는 하나님이 신전 같은 장소나 물체, 공간에 관련되어 있지만 이스라엘의 하나님은 역사 가운데 계시며 역사에서 자신을 계시하여 주셨습니다. 이렇게 하여 비형상적인 것, 시간의 종교가 탄생한 것입니다.

"유대교는 시간의 성화에 목표를 둔 시간의 종교이다. 유대교에게 있어서 하루하루는 성전이고 안식일은 대성전이다. 우리의 지성소는 로마인들도, 독일인들도 불태울 수 없는 하나의 성역이다. (중략) 유대의 제사예식에는 시간 속에 있는 의미심장한 형식의 예술, 즉 시간의 건축학을 그 특징으로 삼고 있다. 기도를 올리도록 요구된 것도 장소가 아니라 아침과 저녁이라는 시간이다"(同書, 16쪽).

창세기에 들어가 보면 6일 동안 하나님은 하나님의 열심으로 세상을 창조하셨습니다. 하지만 어떤 공간에도 거룩함을 부여하지 않으셨습니다. "보시기에 좋았더라." 라고 말씀하셨을 뿐, 거룩함을 부여하지는 않으셨습니다. 하나님은 단지 제7일째 되는 날, 그날에 복을 주시고 거룩하게 하셨습니다. 제일 먼저 시간을 거룩하게 하셨습니다. 거룩함은 공간 속의 거룩함이 아니라 시간 속의 거룩함이었습니다. 이 날이 하나님이 복되게 하신 안식일입니다.

> 하나님은 시간을 거룩하게 하셨고, 그리고 사람을 거룩하게 하셨으며, 세 번째로 공간을 거룩하게 하셔서 그들에게 성막을 허락하셨습니다(同書, 18쪽).

시간은 하나님에 의하여 거룩해졌지만 공간으로서의 성막은 모세에 의하여 거룩하게 되었습니다.

안식일의 날자는 창조의 행위로 결정된 날입니다.

> "안식일의 의미는 공간보다는 시간을 기념하려는 것이다. 한 주일의 6일 간을 우리는 공간의 물체의 압제 아래서 살다가 안식일에는 시간 속에 있는 거룩함에 조화되기 위하여 노력한다. 안식일은 우리가 시간 속에 있는 영원한 것에 동참하고 창조의 결과들로부터 창조의 신비로, 창조의 세계로부터 세계의 창조로 돌아가는 날이다"(同書, 18쪽).

그러나 이러한 안식일이 태만이나 게으름을 의미하는 것이 아닙니다. 단순히 노동을 하지 않는다는 의미에서 어떤 사람들은 그들이 게으르고 안식일을 핑계로 모든 일을 손에서 놓는다는 비난을 받기도 합니다. 안식일은 일을 놓는 것 이상의 의미가 있습니다. 엿새 동안은 세상을 다스리지만 제7일에는 자신을 다스리며, 자신의 영혼의 생명을 위한 만남의 시간을 가집니다. 단순히 놀거나 쉬는 것이 아니라 거룩한 분과 대면하는 시간이며, 영혼의 생명을 얻는 날입니다. 6일 동안 손이 수고하였다고 한다면 제7일은 혀와 영혼과 마음이 안식일에 수고하는 것입니다.

"제7일은 시간 속에 우리가 세우는 하나의 궁전이다. 시간 속의 이 궁전은 영혼과 기쁨과 과묵성에 의하여 이루어진다. 안식일의 분위기 속에서는 계율을 통하여 영원의 인접을 상기한다"(同書, 23쪽).

그러므로 안식일이 없는 사람은 어떤 사람들일까요? 그들은 분명히 세상을 위하여 일하고 세상으로부터 공급을 받고 보이는 것에 붙잡혀 있는 인생들입니다. 안식일이 없는 사람은 시간의 지성소가 없는 사람입니다. 그 존재 안에 하나님의 임재의 지성소가 없는 사람입니다. 다시 말하면 그 안에 하나님이 계시지 않는 사람들입니다. 그러니 그의 영혼은 황량하고, 그의 시간은 덧없이 흐르는 세월이고, 오로지 가진 것에 대하여 만족을 하는 물량적인 인간이 되고 말 것입니다. 또한 가진 것에 의하여 사람의 가치가 결정되고, 가진 것에 의하여 만족도가 결정되는 사람일 것입니다. 무엇인가를 가지기 위함이라면 어떤 방법을 동원하는 한이 있더라도 꼭 가지고 마는 욕심을 가진 자들일 것입니다.

"우리는 땅에서부터 이익을 짜내느라고 이 세상과 씨름하면서 한 주일의 육일을 보낸다. 그러나 안식일은 우리가 영혼 속에 심겨진 영원의 씨앗에 대하여 특별한 관심을 돌리는 날이다. 이 세상은 우리의 손을 붙들고 있지만 우리의 영혼은 다른 분에게 속해 있다. 한 주일에 엿새 동안에 우리는 세상을 다스리는 데에 골몰한다. 그러나 제7일에는 자기 자신을 다르시는 일에 마음을 모은다"(同書, 21쪽).

안식일이 있는 사람들, 곧 자신의 인생을 안식일을 중심으로 세우는 자들은 영원을 바라보고, 영원으로부터 공급을 받고 안식의 주인인 예수님과의 교제로 거룩한 인생이 시작됩니다. 그의 시간은 영원과 연결되어 있으며 아무도 파괴하지 못하는 시간의 지성소를 가집니다.

공간을 확장하는 것이 목적이 되는 인생은 시간이 끝나면 자신의 공간도 다 버리고 가야 합니다. 이것처럼 허무한 것이 없습니다. 그러나 시간 속의 지성소를 세운 이들은 시간이 끝나면 영원의 지성소에서 쉬게 됩니다. 예수님과 사도 바울과 같은 분들은 공간을 확장하거나 건물을 남기시지 않았습니다. 그분들은 시간과 역사 속에 계셨고 그 시간은 영원으로, 그리고 수 천 년 뒤에 우리들과 시간 속에서 다시 만났습니다. 우리들의 성전은 공간 안에 없습니다. 우리들의 성전은 시간 안에 있습니다. 하나님께서 축복하신 거룩한 시간, 제7일의 안식일에 우리의 대성전이 있습니다.

"안식일의 날짜는 월식과 같이 자연 안에서 발생하는 어떤 사건에 의하여 결정되는 그런 날짜가 아니라 창조의 행위에 의하여 결정된 날짜이다. 이와 같이 안식일의 정수는 공간의 세계로부터 완전히 분리되어 있다"(同書, 18쪽).

시간의 지성소의 개념은 바벨론 포로시기에 나타납니다. 바벨론 포로로 끌려간 이스라엘 백성들은 절망가운데 살게 되었습니다. 그들은 먹고 자는 일상적인 문제로 어려워 한 것이 아니라 신앙적인 문제로 고민하게 되었습니다. 주님으로부터 멀리 떨어져 있다는 것, 주님께 온전히 예배와 제사를 드릴 수 없다는 것 때문에 모두가 슬퍼하였습니다. 그들은 그발(초기 포로들이 자리 잡은 작은 운하) 강가에 모여서 함께 울고 함께 고국을 그리워하기도 하였습니다.

그들은 공간적인 의미의 예루살렘 성전을 생각하고 있었는데 그 곳에서 처음으로 시간 속에 있는 성전을 체험하게 됩니다. 그들은 공간적으로 예루살렘 성전에서 멀리 떨어져 있었고 실질적으로 성전에 계신 주님을 뵈올 수가 없다고 생각하여 절망하고 있었습니다. 그런데 시간 속에서 주님은 그들을 찾아오셔서 만나주셨고 예배를 받아주셨습니다.

에스겔은 환상 가운데 솔로몬 성전보다 더 영광스러운 성전을 보게 됩니다. 그리고 더 깊은 성전에 대한 의미를 이해하게 됩니다. 그것이 시간 속에서 만나는 지성소의 의미입니다. 성별된 공간에서만 만났던 하나님을 성별된 시간 속에서 만나게 됩니다. 그것이 바로 안식일을 성별하시고 시간 속에서 만나주시는 하나님의 의도였습니다.

이스라엘 속담에 이런 말이 있습니다. "이스라엘이 안식일을 지킨 것이 아니라 안식일이 이스라엘을 지켜주었다." 사실 바벨론 포로 70년이라는 세월은 그들이 안식년을 지키지 않은 죄로 받은 벌이기도 합니다. 그들은 안식년을 지키는 의미를 잘 몰랐습니다. 이 안식년이 모두에게 자유와 생명, 해방의 소식을 주는 것임을 알지 못하였습니다.

특히 매 주일 지키는 안식일의 의미도 잘 몰랐습니다. 그들은 아무 것도 하지 않는 것이 안식일의 의미라고 생각했습니다. 그러나 안식일을 통하여 주님이 그들에게 주시는 생명, 쉼, 안식, 자유, 평강, 기쁨, 즐거움, 거룩한 교제 등 세상에서 일하면서 얻을 수 없는 너무 귀한 것들을 얻는 날인 것을 알지 못하였습니다. 하나님께서 특별히 복주시고 만나주시는 날인 것을 알지 못하였습니다. 무조건 일을 중단하는 것이 아니라 능동적 만남, 교제가 있는 날이며 이 날을 통해 생명을 공급받는 다는 것도 잘 몰랐습니다. 안식은 하나님 안에 거할 때만 가능한 것이라는 것도 몰랐습니다.

그런데 그들이 바벨론 포로생활을 할 때 시간 속에서 만나주시는 성전, 하나님에 대한 새로운 체험을 하게 됩니다. 진정한 안식일의 의미는 '아무 것도 하지 않고 앉아있는 날이 아니라' 성별되고 거룩한 시간 가운데 교제하시는 하나님과의 능동적 만남에 있다는 것을 알게 되었습니다. 안식일은 '지켜야 하는' 율법의 날이 아니라 거룩한 그분과 교제하고 그분만이 주시는 생명과 기쁨, 자유를 공급받고 '누리는 날' 이라는 것을 알게 되었습니다. 진정한 안식의 의미는 하나님이 그들에게 얼굴을 돌리고 평강의 미소를 보낼 때만이 가능한 것을 알게 됩니다. 진정한 안식은 하나님이 모든 죄를 용서하시고 죄를 기억하지 않으시고 죄인들을 가슴에 품어주실 때만이 가능하다는 것을 알게 됩니다.

주님은 자신을 성전이라고 말씀하셨고 안식일의 주인이라고 말씀하셨습니다. 그러므로 성전에 대한 이해는 곧 주님에 대한 이해요, 주님을 이해하는 것이 곧 성전 역사를 이해하는 것입니

다. 그 성전 안으로 들어가는 것이 안식일의 주인을 만나는 것이
며 진정한 안식을 누리는 길입니다.

"인자는 안식일의 주인이니라 하시니라"(마 12:8).

창세기 1:1-2:3에서는 특별히 예배의 중요성이 강조되고 있
습니다. 우리는 그분의 이름을 높이고 경배드리고 예배드려야
함을 강조하고 있습니다. 천지만물의 소유주 되시고 창조주 되
시는 분이 우리를 만드셨다고 선포하고 있습니다. 바벨론 포로
들에게 나타나신 하나님은 다시 한 번 더 포로들에게 새로운 자
화상(신분)을 선포하시고 계십니다.

'너희들은 포로가 아니다. 너희들은 정복자' 라는 말씀을 주고
계십니다. 하나님은 그들이 공간의 노예가 되는 것이 아니라 공
간을 정복하고 다스리라고 말씀하십니다. 그렇게 할 수 있는 가
장 큰 이유는 그들을 하나님의 형상대로 만드셨기 때문입니다.
창조주 하나님께서 이 모든 세계를 다 창조하시고 사람을 창조하
셨다면 포로들에게 자유와 놓임을 줄 수 있는 능력이 없겠습니
까? 혼돈과 절망 가운데 있던 그들에게 새로운 빛이 오기 시작합
니다. 자신들은 포로가 아니고 정복자로 창조되었음을 깨닫게 됩
니다.

"하나님이 이르시되 우리의 형상을 따라 우리의 모양대로 우리가 사람을 만들고 그들로 바다의 물고기와 하늘의 새와 온 땅과 땅에 기는 모든 것을 **다스리게 하자** 하시고 하나님의 자기 형상 곧 하나님의 형상대로 사람을 창조하시되 남자와 여자를 창조하시고"
(창 1:26,27)

"하나님이 그들에게 복을 주시며 하나님이 그들에게 이르시되 생육하고 번성하여 땅에 충만하라, **땅을 정복하라**, 바다의 물고기와 하늘의 새와 땅에 움직이는 모든 생물을 **다스리라** 하시니라"(창1:28).

그렇습니다. 하나님은 그들에게 이제 공간의 노예가 되지 말고 시간 안에 들어와서 하나님과의 거룩한 교제를 가지도록 초청합니다. 그들에게 공간의 노예가 아니라 공간을 다스리고 정복하라고 만유영장의 권위를 허락하시고 영원 안으로 초청하시는 분에 대한 예배가 창세기 초반부터 강조되고 있습니다. 하지만 많은 이들이 공간에 의하여 정복당하고 있습니다. 소유하는 것에 정복당하고 있습니다. 미움에 정복당하고 있습니다. 가난에 정복당하고 있습니다. 하나님은 시간(안식일)에 들어와서 이 공간을 정복할 힘과 능력을 받으라고 말씀하십니다. 그 권위를 회복하라고 말씀하십니다. 이것이 제7일의 시간의 지성소에서 하나님께서 하시고 싶은 일입니다. 단순히 쉬는 것이 아니라 하나님의 형상으로 지음을 받은 인간이 권위를 회복하여 공간을 정복하고 다스리고, 쉼을 누리도록 거룩한 날을 주셨습니다.

"이것이야말로 문명의 문제에 대한 대답이다. 즉 공간의 세계로부터 도주하는 것이 아니라 공간의 사물들과 함께 일을 하면서도 영원과의 사랑 속에 존재하는 것이 그 해답이다. 물건들은 우리의 도구들이며 영원과 안식일은 우리의 동반자이다. 이스라엘은 영원과 약혼했다. 비록 그들이 일주일의 육일에는 세속의 일을 도모하지만 그들의 영혼은 제 칠일에 의하여 다시 회복된다"(同書, 63쪽).

영원으로 열려있는 문, 그 시간 안에서 만나는 대성전, 그것이 바로 안식일입니다. 그리고 그날은 우리가 정복당하는 포로가 아니라 공간을 다스려야 하는 정복자로, 하나님의 형상대로 지음을 받은 예배자로 태어났음을 배우는 날입니다. 이 한 날이 인생을 영원으로 인도하였으며, 이 한 날이 영혼의 부활을 제공한 날이 되었습니다.

"매 안식일마다 영혼의 부활, 곧 사람의 영혼의 부활과 만물의 영혼의 부활이라는 기적이 발생한다. 중세의 한 현인은 다음과 같이 선언하였다. 육일 동안에 창조된 세계는 영혼이 없는 세계였다. 이 세계에 영혼이 부여된 날은 일곱째 날이었다. '제 칠일에 나 여호와가 쉬어 뱌인나파쉬(평안하였다) 하였다.' (출 31:17)고 한 것은 바로 이 때문이다. 네페쉬의 뜻은 영혼이다(평안하였다라고 번역된 뱌인나파쉬는 뱌인과 네페쉬의 합성으로 즉 신(神)이 들어가다는 어의를 가지고 있다. 역자 註)"(同書, 104쪽).

공간과 시간의 공평성

"내가 모세에게 말한 바와 같이 너희 발바닥으로 밟는 곳은 모두 내가 너희에게 주었노니"(수 1:3)

"세월을 아끼라 때가 악하니라"(엡 5:16).

우리가 살아가기 위해서는 시간과 공간이 다 필요합니다. 시간의 지성소의 중요성을 말하면서 공간을 무시하거나, 공간이 필요 없다고 강조하는 것은 아닙니다. 시간이나 공간이나 인류에게 모두 필요한 것이며 어떤 것 하나만 없어도 존재할 수 없습니다. 시간과 공간은 하나님이 인류가 존재하도록 만들어주신 집과 같은 것입니다. 하나님께서 7일의 메누하를 창조하시기 전에 이미 이러한 시간과 공간을 창조해주셨습니다.

"하나님이 뭍을 땅이라 부르시고 모인 물을 바다라 부르시니 하나님이 보시기에 좋았더라"(창 1:10).

"하나님이 빛을 낮이라 부르시고 어둠을 밤이라 부르시니라 저녁이 되고 아침이 되니 이는 첫째 날이니라"(창 1:5).

"하나님이 두 큰 광명체를 만드사 큰 광명체로 낮을 주관하게 하시고 작은 광명체로 밤을 주관하게 하시며 별들을 만드시고"(창 1:16)

공간은 가로, 세로, 높이, 3차원으로 되어 있지만 시간은 3차원으로는 말할 수가 없습니다. 그래서 과학에서는 시간을 4차원의 세계라고 말합니다. 하지만 실제로 4차원이라고 말할 수 있는 것은 아무 것도 없습니다. 3차원을 벗어나면 그 다음부터는 하나님의 차원, 영원의 차원만이 존재합니다.

공간의 공평성

공간은 보이는 곳이므로 누구에게나 보여줍니다. 공간은 만질 수가 있고 느낄 수가 있고 볼 수가 있습니다. 이 공간은 비록 내 것이 아니라고 하여도 볼 수가 있습니다. 그래서 공간은 참으로 공평합니다. 비록 가난한 자라고 하여도 아름답고 넓고 광대한 이 공간을 마음껏 바라볼 수가 있습니다. 공간을 바라보는데 돈을 내라고 하는 사람은 아무도 없습니다.

또한 공간의 공평성은 그 안에 공기가 있어서 어느 누구나 공기를 마실 수 있다는 것입니다. 이 공기를 마시면서 누구에게 허락받을 필요가 없고, 돈을 지불할 필요도 없습니다. 가난한 자나, 부한 자나 누구나 동일하게 숨을 쉬는 은혜를 입습니다. 밥을 못 먹는 자는 있을지 모르지만 이 지구 안에서 공기를 굶는 사람은 없습니다. 지금도 지구촌 어느 지역에서는 굶어 죽어가는 사람들이 무수히 많지만 공기만은 아직도 무료로 마시고 있습니다. 인간이 살아가기 위한 기본적인 공기는 하나님께서 태초에 우리에게 주셨고, 그리고 하나님이 주신 태초의 거룩한 바람(루아흐, 생기)으로 인간들은 살아가고 있습니다.

"여호와 하나님이 땅의 흙으로 사람을 지으시고 생기를 그 코에 불어넣으시니 사람이 생령이 된지라"(창 2:7).

그리고 공간은 서로 차지하려고 욕심을 내는 장소이기도 하지만 공간은 나누어줄 수가 있습니다. 다른 이에게 양도할 수도 있고 나누어주기도 하고, 함께 공유할 수가 있습니다. 공간은 어떤 상품처럼 주고받을 수가 있으며 사고 팔 수가 있습니다. 공간의 소유권은 돈에 의하여 이동될 수가 있습니다. 그래서 어느 때는 대부호였다가 어느 때는 가난한 자가 되기도 하는 것입니다. 이러한 것이 공간의 특징입니다.

시간의 공평성

그러나 시간은 공간과 다릅니다. 시간은 보여줄 수가 없습니다. 소유할 수도 없습니다. 공간은 돈을 주고 살 수가 있지만, 시간은 돈을 주고도 살 수가 없습니다. 공간은 한 번 가지면 그대로 자기의 것이 될 수가 있지만 시간은 머물러 있지 않고 흘러가며, 소유할 수 있는 것이 아니라 단지 그 시간 안에 잠시 머물러 있을 뿐입니다. 부자도 가난한 자도 그 시간을 볼 자가 없습니다.

하지만 시간의 공평성은 누구에게나 똑같이 하루 24시간 주어졌다는 사실입니다. 공간은 많이 차지할 수도 있고 적게 차지할 수도 있지만 시간만큼은 아주 정확하고 공평하게 모두에게 24시간을 나누어주셨습니다. 가난한 자도, 부요한 자도 모두가 24시간을 똑같이 갖고 있습니다.

그러나 자신에게 시간이 24시간 주어졌다고 해서 내 것처럼 생각하여 남에게 나누어줄 수는 없습니다. 이 세상에서 거의 모든 것을 나누어 가질 수가 있지만 시간만큼은 나누어줄 수가 없습니다. 빌려줄 수도 없습니다. 하나님은 절대적인 시간, 24시간을 숨을 쉬는 온 인류에게 무상으로 공급해주셨습니다. 그러나 하나님은 한 번도 그 시간을 인간이 소유하도록 허락하지 않으셨습니다.

그래서 우리는 시간 안에서 한계를 발견하고 무릎을 꿇게 되는 것입니다. 장사도 세월은 이기지 못한다고 합니다. 우리는 그저 그 자리에, 그 공간에 살고 있었을 뿐인데 시간이 지났다는 것을 늙어가는 것을 통해 볼 수가 있습니다. 늙어가는 것에서 시간이 지나간다는 것을 알 수 있습니다. 주어진 것이기는 하지만 나누어 줄 수도 없고, 저축할 수도 없고, 빌려줄 수도 없고 소유이전등기도 할 수도, 사고 팔 수도 없습니다. 자신의 것이긴 하지만 철저하게 자신의 것이 아닌 것이 시간입니다. 아무도 소유할 수 없는 것이 시간입니다. 단지 시간은 그때만 주어졌을 뿐입니다. 솔직히 우리들에게 내일이 주어진다는 것은 아무도 장담할 수가 없습니다. 그와 똑같은 시간이 다시 주어진다는 보장이 없습니다. 그래서 시간의 위력은 무서운 것입니다. 누구나 그 시간 앞에서 무릎을 꿇지 않을 수가 없습니다.

시간은 생명이요 재산입니다. 하늘로부터 온 선물입니다. 이 시간 안에서 우리는 하나님께 예배를 드리고 영원을 향한 창문을 엽니다. 이 시간이 충만해질 때, 하나님의 영광 앞에 서게 됩니다.

"공간적인 인식을 하는 사람에게는 시간이 일정하고 반복적이며 동질적이며, 또 이런 사람에게는 모든 시간이 다 같고 특징이 없는 빈껍데기 같은 것이지만 성경은 시간의 다양한 특성들을 지각하고 있다. 똑같은 두

개의 시간은 없다. 모든 시간은 각각 유일무이하며 각 순간에 오직 하나의 독립적이며 무한히 귀중한 시간만이 주어지는 것이다"(同書, 15쪽).

저의 감리교신학대학교 대학원 논문은 폴 틸리히의 카이로스(καιρός)였습니다. 폴 틸리히의 역사개념을 논문으로 쓰면서 카이로스를 연구하였습니다. 헬라어로 시간을 가리키는 단어에는 두 가지가 있습니다. 하나는 '카이로스'이고 다른 하나는 '크로노스'입니다. 크로노스는 단순히 인간의 역사 속에 흘러가는 시간을 의미합니다. 영어의 'chronology'라고 생각하면 됩니다. 어제와 오늘과 내일이라는 흘러가는 시간, 수평적인 시간입니다. 그러나 카이로스는 하나님과의 관계 속에 나타난 의미 있는 시간을 말합니다. 하나님의 구원역사와 우리의 신앙성장과 관계된 주님의 섭리적 시간을 말합니다. 세상의 시간인 크로노스에는 끝이 없습니다. 목적 없이 계속해서 흘러만 갑니다. 그러나 카이로스의 시간에는 마지막과 완성이 있습니다. 태초라는 계획된 시간이 있었듯이 종말이라는 예정된 시간이 있습니다. 예수님께서 오시는 바로 그날이 시간의 끝으로서 하나님의 정하신 때인 카이로스의 완성이라고 할 수 있습니다. 재림의 그 시간은 카이로스의 완성이면서 영원한 시간의 출발이기도 합니다.

카이로스는 충만한 시간, 혹은 성경에서는 '때'라고 표현되어 있습니다. 카이로스는 크로노스와 달리 수직적인 시간입니다. 크로노스는 어제와 오늘과 내일이 있는 수평적인 시간이지만 카이로스는 어제와 오늘과 내일이 없습니다. 카이로스는 영원에 속한 시간, 하나님의 시간입니다. 이 영원 속에 있는 시간, 카이로스가 우리 삶에 침투해 들어오는 때가 바로, 하나님의 때, 우리가 주님을 만나는 때입니다.

시간은 공평하게 주어졌지만 그 시간이 모두 충만한 것은 아닙니다. 공간은 사람들의 손에 의하여 아름답게 꾸며질 수 있지만 시간은 하나님의 손에 의하여 아름답고 풍성하고 충만해질 수가 있습니다. 그 시간 안에서 주님을 만나고 안식이라는 대성전을 건축할 때 충만한 시간을 누리게 되는 것입니다. 그 시간 안에서 하나님과 교제할 때, 시간의 건축은 시작이 되며 아름답게 믿음의 집이 꾸며지게 됩니다. 그리고 이 시간이 영원을 여는 창문이 되는 것입니다. 이것을 폴 틸리히는 영원한 지금(eternal now)이라고 말했습니다.

지금 살면서도 영원을 누리는 신비, 그것이 바로 메누하의 시간입니다. 메누하의 시간은 공평하게 주어졌지만 안식의 주인인 주님과 만나서 생명의 교제를 하는 시간입니다. 무조건 쉬는 것이 아니라 하나님과 교제하며 충만함을 덧입는 시간, 거룩함으로 덧입는 시간이 바로 메누하입니다. 영원이 순간을 침투해 들어오는 카이로스를 순간순간 누리는 것이 메누하입니다.

요사이 공간에만 머무는 신앙인들, 공간 확장에만 급급한 목회도 깊이 생각해 볼 필요가 있습니다. 얼마나 많이 가졌느냐? 얼마나 많이 모이느냐? 얼마나 큰 성전을 지었느냐? 얼마나 많이 선교헌금을 보내느냐? 얼마나 많이 헌금이 나오느냐? 이런 것으로 교회가치를 결정하는 것도 바로 공간으로부터 나온 가치입니다. 얼마나 많이 주님과 거룩한 대면을 가졌느냐고 물어보는 곳은 없습니다. 얼마나 많은 순간, 거룩함 속으로, 거룩한 시간 안으로, 거룩한 영원 안으로 들어가 안식의 주인이신 주님을 대면했는지에 대하여는 물어보지 않습니다. 그래서 시간의 지성소의 개념은 우리를 깊은 회개로 인도합니다.

공간 안에만 있는 자들은 마음이 공허합니다. 마음이 황량합니다. 가져도 가져도 목마릅니다. 왜냐하면 가장 중요한 것이 채워지지 않았기 때문입니다. 수가의 사마리아 여인도 육체적인 목마름과 함께 영적인 목마름이 있었습니다. 그 목마름을 주님께서 채워주셨습니다. 만일 우리가 시간의 지성소에서 영혼의 목마름을 채워주지 않는다면 공간 안에서 계속 허기지고 목마를 것입니다. 그래서 시간 안에서 거룩한 성전을 건축하는 것이 그렇게 중요합니다. 시간의 지성소에서 채워지지 않는다면 우리는 6일의 공허함을 어디에서도 해결할 수가 없습니다.

너희는 탐하지 말라/ 너희는 탐하라

　시간과 공간의 큰 차이점은 경쟁이라는 관점에서 다릅니다. 공간의 가치를 가진 사람들은 항상 경쟁합니다. 누가 얼마나 더 가질 수 있는지, 얻을 수 있는지 경쟁하게 됩니다. 공간은 경쟁하면 더 얻을 수가 있습니다. 노력하는 자들이 한 평이라도 더 가질 수가 있습니다. 왜냐하면 공간은 넓이에 의하여 결정되기 때문입니다.

　하지만 시간은 경쟁할 수가 없습니다. 시간 안에서는 모두가 단독자입니다. 그 시간의 주연은 본인이며, 그 시간 안에서 다른 이들과 충돌할 수가 없습니다. 시간은 넓이가 아니고 깊이입니다. 시간은 넓이가 아니고 길이입니다. 시간은 노력한다고 더 가질 수 있는 것도 아니고, 더 갖겠다고 남과 경쟁할 수도 없습니다. 그래서 시간의 지성소를 가진 자들은 경쟁하지 않습니다. 이 말은 비교하지 않는다는 말입니다. 그 시간은 단독자의 시간이며, 창조적 자아의 시간입니다. 이 시간에 우리는 더 깊이 들어가서 주님을 만나게 되며, 더 길게 들어가서 영원과 만나게 됩니다. 메누하에 있는 성도들은 경쟁하지 않습니다. 단지 그 깊이 가운데, 그 길이 가운데에서 하나님의 임재에 들어가 주님을 누리게 될 뿐입니다. 아무도 방해하지 않는 그 시간 안에서 주님과 친밀한 대화를 나누며 하나님이 주시는 쉼을 누리게 됩니다.

시간과 공간의 차이점을 이해하기 위하여 십계명을 한번 들여다보는 것이 필요합니다. 십계명 가운데 첫 번째 말씀은 "나는 너를 애굽 땅 종 되었던 집에서 인도하여낸 너의 하나님 여호와로다."라는 말씀입니다. 십계명은 자유를 주신 하나님, 구원을 주신 하나님으로부터 시작됩니다. 그리고 마지막 말씀이 "너는 탐내지 말찌니라."입니다. 아브라함 헤셀은 여기에서 중요한 점을 지적하고 있습니다. 탐내지 말라는 것은 공간에 속한 것들입니다. 이웃의 소유 등을 탐내지 말라고 명령하십니다. 그런데 어떻게 탐내지 않을 수가 있겠습니까?

그 대답은 안식일에서 찾아야만 합니다. 하나님으로부터 명령을 받았다고 해서 정욕을 이길 사람은 아무도 없습니다. 안식일에 주님으로부터 오는 능력을 받지 않았다면 정욕을 결코 이길 수가 없을 것입니다. 십계명에서 안식일에 대한 계명은 가장 클라이맥스이며, 핵심 명령입니다. 이 안식일에 대한 계명으로 인하여 앞의 계명도, 뒤따르는 계명도 지키는 것이 가능해집니다. 안식일로 인하여 여호와 하나님 한 분만을 섬기고 부모님을 공경할 수 있는 것이며, 안식일로 인하여 이웃에게 거짓말을 하지 않을 수도 있으며, 이웃의 물건을 탐하지 않을 수도 있습니다. 안식일이 없었다면 제4계명 뒤에 나오는 명령도, 그 앞에 나오는 명령도 인류에게는 모두 불가능한 명령입니다.

정욕이 명령을 내렸다고 지켜질 수가 있을까요? 그것을 지킬 수 있었던 것은 하나님께서 그들에게 더 크고 영원한 선물을 주셨기 때문입니다. 그것이 바로 안식일입니다. 그 귀한 날을 선물로 받았으므로 남의 것을 탐내지 말고 오로지 안식일만을 탐내라고 말씀하시는 것입니다. 탐내라는 말은 다른 말로 표현하면 소망하고 기대하라는 말씀입니다. 일주일 내내 안식일을 갈망하고 기다리라는 뜻입니다. 그것을 가장 귀한 선물로 여기고 다른 것에는 마음을 두지 말라는 뜻입니다.

"유대교의 삶의 모습을 안식일로의 순례로 생각하도록 애쓰고 있다. 일주일의 모든 날들에서 안식을 동경하는 것은 우리의 생애의 모든 날들에서 영원한 안식을 동경하는 것을 의미한다. 또 유대교는 공간 속에 사물에 대한 갈망을 시간 속의 사물에 대한 갈망으로 바꾸어 놓으려 한다. 그리하여 유대교는 사람들에게 주일 내내 안식일을 탐하라고 가르친다. 하나님 자신이 그날을 탐내시었다. 그리하여 하나님은 그날을 헴다트 아밀, 곧 탐나는 날이라고 부르셨다. 이는 마치 공간의 사물을 탐내지 말라는 분부의 말씀 속에 시간의 사물을 탐하라는 분부가 감추어져 있다는 말씀 같다"(同書, 111-112쪽).

■ 여러분 자신은 공간에 더 치중을 두는 신앙인입니까? 아니면 거룩한 대면에 더 많은 시간을 드리고 있습니까?

■ 시간을 건축하는 예술, 시간의 대성전을 건축하는 그 예술이 여러분에게도 있는지요?

■ 여러분은 무엇을 탐내고 계십니까? 어디에 목마릅니까?

제7일에 창조된 메누하

"하나님이 그가 하시던 일을 일곱째 날에 마치시니 그가 하시던 모든 일을 그치고 일곱째 날에 안식하시니라"(창 2:2).

아브라함 헤셸의 책에서 제가 열광한 것은 바로 메누하의 개념이었습니다. 저의 인생을 180도 바꾸어 놓은 이 메누하의 개념은 저를 열광시키기에 부족함이 없었습니다.

성경을 자세히 읽어보게 되면 하나님께서 하시던 일을 일곱째 날에 마치셨다고 되어 있습니다. 만일 6일 동안 일하시고 제7일에 쉬셨다고 한다면 왜 일곱째 날이 되어서야 마치셨다고 하셨을까요? 그래서 고대의 한 랍비는 제7일에 창조의 행위가 계속되었음을 결론지었습니다. 엿새 동안에 천지가 창조되었다면 제7일에는 메누하가 창조되었습니다.

"창조의 6일이 지났어도 우주에는 아직도 무엇인가가 부족하게 되어 있었다. 그것이 메누하(쉼)이다. 안식일이 다가오자 메누하(쉼)가 왔고 그래서 이 우주는 완성되었다"(同書 33쪽, 미드라쉬에서 인용).

6일 동안 열심히 하나님께서 일을 하셨는데 그때 창조하지 못한 것이 있다고 한다면 무엇일까요? 그것은 바로 평정, 고요함, 휴식, 평화였을 것입니다.

"성서적인 정신의 소유자에게 있어서 메누하는 행복과 고요함과 평화와 조화와 같은 것이다. 욥이 자신이 갈망하는 바, 죽음 이후의 상태를 묘사할 때 사용한 단어는 메누하와 동일한 어원에서 나왔다. 그것은 사람이 소리 없이 누워 있는 상태, 악한 사람이 더 이상 괴롭히지 못하고 피로에 지친 사람이 안식을 얻는 상태이다. 이것은 투쟁도 싸움도 두려움도 의혹도 없는 상태이다. 선한 생명의 진수는 메누하이다. 후에 메누하는 내세에 있을 생명, 영생의 동의어가 되었다"(同書, 34쪽).

메누하를 만나면서 저는 6일 동안의 날이 끝나고 새로운 날이 시작되었지만 비로소 제7일에 와서는 끝났다는 말이 없다는 것도 깨달았습니다. 그것이 저를 더 열광시켰습니다. 하나님이 거룩하게 복 주신 날, 그 시간의 중심에 계시는 안식의 하나님,

그분을 만나는 순간, 메누하는 계속됩니다. 메누하는 결코 끝나지 않습니다. 메누하는 영원합니다.

하나님께서 제7일에 쉬셨지만 고요와 평강, 자유와 기쁨의 절정인 메누하를 만드시기 전까지는 창조의 일을 놓으신 것이 아니었습니다. 분명히 성경에는 그가 하시던 일을 일곱째 날에 마치셨다고 선포하고 있습니다.

그렇습니다. 메누하는 영원 속에 있습니다. 영원과 연결된 메누하는 제6일 동안도 다스립니다. 만일 제7일의 메누하를 누리게 된다면 제6일 동안도 메누하에 들어가지만 안식일이 없는 이들에게는 제6일 동안도 불안하고 괴롭고 힘듭니다. 그래서 메누하를 능동적 안식이라고 부르는 것입니다.

많은 사람들이 일을 할 수 있는 힘을 충전받기 위하여 쉰다고 합니다. 그러나 메누하는 그런 쉼이 아닙니다. 어떤 일을 하기 위한 수단이 아니라 우리 인생의 목적이요, 마지막입니다. 메누하는 창조 첫 날에 있는 것이 아니라 창조 끝 날에 있습니다. 그러므로 우리는 메누하를 목표로 달려가는 것입니다. 일하기 위하여 쉬는 것이 아니라 쉬기 위하여 일하면서 달려갑니다. 그 쉼은 영원 가운데 있습니다. 그 쉼은 영원하고 거룩한 존재의 임재 가운데 있습니다. 그래서 하나님은 제7일의 안식일을 그렇게 중요하게 여기셨고 모두가 이 안식의 축복을 받도록 초청해 주셨습니다. 그리고 그 안식을 구원과 동일시 하셨습니다.

"내가 노하여 맹세한 바와 같이 그들이 내 안식에 들어오지 못하리라 하셨다"(시 95:11).

"그러므로 우리가 저 안식에 들어가기를 힘쓸지니 이는 누구든지 저 순종하지 아니하는 본에 빠지지 않게 하려 함이라"(히 4:11).

메누하가 우리를 다스릴 때, 우리는 온전한 구원을 누리는 것입니다. 구원을 받았다고 하는 사람들에게 진정한 쉼이 없다면 그것은 아마 그리스도 안에 있는 것이 아니라 세상 안에 있기 때문입니다. 시간 안에 있는 것이 아니라 공간 안에 있기 때문입니다.

"그러므로 우리는 두려워할지니 그의 안식에 들어갈 약속이 남아 있을지라도 너희 중에는 혹 이르지 못할 자가 있을까 함이라…. 이미 믿는 우리들은 저 안식에 들어가는 도다"(히 4:1,3).

시간이 중요하다고 해서 공간을 무시하거나 필요 없다고 말하는 것이 아닙니다. 제7일이 있기 위하여 6일이 필요하였던 것처럼, 우리가 공간이 있기 때문에 시간이라는 것을 누립니다. 공간은 우리가 호흡할 수 있는 장소요, 존재가 존재할 수 있는 장소입니다. 하지만 시간 없는 공간, 시간의 지성소가 없는 공간의 지성소만으로는 무엇인가가 부족하다는 것을 말씀드리는 것입니다. 제6일은 7일로 인하여 완성이 되고, 제7일이 있으므로 해서 충만하고 부요해지고 평화롭게 됩니다. 제7일이 없는 6일은 참으로 공허하고 황량합니다. 제6일은 제7일을 위하여 존재하는 것이며, 제7일의 영광을 위하여 존재합니다. 만일 그런 목적이 없게 된다면 공간에서의 삶은 단순히 물리적이고 세상적이고 육적인 것이 될 것입니다. 우리에게 제7일의 메누하가 있어서 일하는 것이 즐겁고 소망이 있는 것입니다.

그래서 그 다음부터 저는 이 메누하의 개념에 붙잡혔고 그 메누하가 의미하는 것이 실제로 무엇인지 그 깊이로 빨려 들어갔습니다. 그 다음부터는 제가 메누하를 잡은 것이 아니라 메누하가 저의 인생을 붙잡아갔습니다. 제가 메누하를 지킨 것이 아니라 메누하가 저의 인생을 지켜주었습니다.

그 메누하….
그 메누하를 향한 저의 목마름이 이렇게 시작되었습니다.

메누하는 곧 그리스도이십니다

그럼 메누하는 무엇입니까? 단순히 쉴만한 곳인가요? 쉴만한 때인가요? 공간입니까? 시간입니까? 아닙니다. 메누하는 바로 안식일의 주인이신 그리스도이십니다. 시간이 중요하다고 하여도 그리스도가 계시지 않은 시간은 무의미합니다. 주님이 계시지 않는 쉼은 무의미합니다. 주님은 바로 메누하이십니다. 그분이 우리 안에 거할 때 우리는 진정한 쉼을 누릴 수가 있습니다. 주님은 당신께서 우리를 쉬게 하시겠다고 말씀해주셨습니다.

"수고하고 무거운 짐 진 자들아 다 내게로 오라 내가 너희를 쉬게 하리라 나는 마음이 온유하고 겸손하니 나의 멍에를 메고 내게 배우라 그리하면 너의 마음이 쉼을 얻으리니 이는 내 멍에는 쉽고 내 짐은 가벼움이라 하시니라"(마 11:28-30).

"인자는 안식일의 주인이니라 하시니라"(마 12:8).

메누하는 유대 랍비들에 의하여 구약 창세기에서 발견된 개념입니다. 그러나 구약에게 신약이 없다면 결단코 의미가 없을 것입니다. 형식이 있으면 내용이 있어야 하고 시작이 있으면 완성이 있어야 하는 것입니다. 창세기에서 나타난 메누하의 개념, 안식의 개념은 예수 그리스도로 인하여 완성이 됩니다.

아브라함 헤셀은 유대인 랍비로 알고 있습니다. 그의 이야기는 결코 그리스도에 대하여 언급하지 않았습니다. 그의 설명은 시작에만 있습니다. 그러나 이 놀라운 안식이 그리스도에 의하여 완성되지 않는 한, 사랑이 없는 율법, 내용이 없는 형식과 같이 그 안식은 안식이 될 수가 없습니다.

"우리는 모세가 이스라엘 자손들에게 장차 없어질 것의 결국을 주목하지 못하게 하려고 수건을 그 얼굴에 쓴 것 같이 아니하노라 그러나 그들의 마음이 완고하여 오늘까지도 구약을 읽을 때에 그 수건이 벗겨지지 아니하고 있으니 그 수건은 그리스도 안에서 없어질 것이라 오늘까지 모세의 글을 읽을 때에 수건이 그 마음을 덮었도다 그러나 언제든지 주께로 돌아가면 그 수건이 벗겨지리라 주는 영이시니 주의 영이 계신 곳에는 자유가 있느니라"(고후 3:13-17).

진정한 메누하는 그리스도로부터 나오고, 그리스도의 십자가 사건으로부터 나옵니다. 그분이 십자가 상에서 다 이루었다고 말씀하실 때, 메누하도 완성이 됩니다. 그 십자가 상에서 잃어버린 메누하의 근본 원인인 죄의 문제가 해결되었으며, 죽음의 문제가 해결되었으며, 저주와 사탄의 참소가 참담하게 파멸되었기 때문입니다.

그래서 우리는 주의 날(the Lord's Day)에 예배를 드립니다. 진정한 제7일의 축복은 예수 그리스도에 의하여 완성이 됩니다. 그분이 메누하이시며, 그분으로 인하여 메누하가 우리에게 실제가 되며, 그분 안에서만 메누하가 가능하기 때문입니다. 우리가 메누하라는 시간 안으로 들어가는 것은 단순히 공간이나 시간이 아니라 인격적인 만남 안으로 들어가는 것이며, 실제로 메누하는 생명, 인격, 존재, 그리고 그리스도이십니다.

그분은 공간의 개념도, 시간의 개념도 깨어버린 분이십니다. 그분이 성전이요, 그분이 곧 영원이기 때문입니다.

"예수께서 대답하여 이르시되 너희가 이 성전을 헐라 내가 사흘 동안에 일으키리라 유대인들이 이르되 이 성전은 사십육 년 동안에 지었거늘 네가 삼 일 동안에 일으키겠느냐 하더라 그러나 예수는 성전 된 자기 육체를 가리켜 말씀하신 것이라 죽은 자 가운데서 살아나신 후에야 제자들이 이 말씀하신 것을 기억하고 성경과 예수께서 하신 말씀을 믿었더라"(요 2:19-22).

제7일은 창조가 완성된 날이지만, 주일은 구원이 완성된 날입니다. 그러나 실제로 날이 중요한 것이 아니라 그날의 주인이 누구인가가 중요합니다. 공간도 중요한 것이 아니라 그 공간의 주인이 중요한 것처럼, 안식일도 그날 자체가 중요한 것이 아니라 안식을 주시고, 안식으로 초청해주시고, 안식을 완성하시고, 안식 자체이신 그리스도가 중요합니다. 그분은 진정한 메누하이십니다. 내가 그분 안에 있고 그분이 내 안에 있는 거룩한 합일이 이루어질 때에 진정한 메누하 안으로 들어갑니다.

■ 메누하가 인격적인 개념으로 이해되었는지요?

■ 여러분이 메누하를 누리는 곳이 공간입니까? 아니면 시간입니까? 아니면 어떻게 여러분은 메누하를 누립니까?

나는 안식(메누하)과 결혼하였다

"내가 하나님의 열심으로 너희를 위하여 열심을 내노니 내가 너희를 정결한 처녀로 한 남편인 그리스도께 드리려고 중매함이로다"(고후 11:2).

저는 다른 사람들에 비해 비교적 일찍 결혼을 한 편이었습니다. 고등학교 동창 가운데 일찍 결혼하여 일찍 자녀를 둔 사람 중의 하나일 것입니다. 제가 결혼할 때에 친구들의 관심은 이런 것이었습니다. "어떤 집안의 사람이니?" "무엇을 하는 사람이니?" "가정은 잘 사는 사람이야?" 물론 기독교 학교에 다니던 친구들이었지만 워낙 재벌들이 많아서 어느 집 사람이냐고 묻는 것이 자연스럽기도 하였습니다. 재벌과 재벌이 결혼을 하고, 어느 때는 정략결혼도 하는 처지여서 그렇게 물어오곤 하였습니다. 어느 날 명동에서 남편과 데이트를 할 때, 고등학교 동창에게 들켰습니다. 그들의 호기심은 굉장했고, 제가 데이트하는 사람이 누구인가에 대하여 질문을 퍼부었습니다. 바로 위에서 열거한 그런 질문들이 전부였습니다.

결혼 생활하는 동안에 많은 목마름과 갈증이 있었습니다. 결혼생활 34년, 그러나 지금은 거의 기억이 나지 않습니다. 무엇 때문에 내가 그렇게 갈증을 느끼고 목말랐는지 기억이 나지도 않고 기억하고 싶지도 않습니다. 왜냐하면 저는 지금 안식과 결혼하였기 때문입니다. 저의 남편은 안식입니다. 제가 안식과 결혼하였으므로 저는 안식합니다.

결혼이라는 것은 제2의 인생을 알리는 서곡입니다. 제가 결혼 전에 소망이 있었는데 학자와 목사 그리고 장남과는 결혼을 하지 않겠다는 것이었습니다. 이 조건을 갖춘 분이 바로 아버님이셨습니다. 아버님은 신학자이셨기 때문에 끊임없이 공부하시고 책을 쓰시는 분이셨습니다. 정말 도서실과 결혼한 분이셨습니다. 그래서 어머님은 참으로 외로우셨습니다. 아버님의 학문이 깊어갈 수록 어머님과는 거리가 소원해지기도 하였습니다. 아버님은 학문이 그렇게 좋으셨는지 모르지만 자신의 가족들을 외롭게 만들어간다는 것을 모르셨던 것 같습니다. 그래서 목사와 학자, 그리고 장남하고는 결혼하지 않겠다고 생각하였습니다. 신학대학을 다닐 때에도 앞날이 학자로서 촉망된다고 하는 사람들과는 데이트도 안했습니다. 저는 정말 학자가 싫었고 학자의 아내가 된다는 것은 감옥에 스스로 걸어 들어가는 것과도 같다고 생각했습니다. 그래서 택한 사람이 현재 저의 남편입니다. 처음 남편을 만났을 때, 저는 그와 함께 초원을 달리는 기분, 그리고 초원에 있는 나무 아래에서 평화롭게 대화하는 이미지를 보았습니다.

남편과 아내는 점점 살면서 닮아갑니다. 저는 아주 급한 사람이었고, 남편은 내내 느린 사람이었습니다. 저는 생각이 나면 금방 일을 해 치우는 사람이었고, 남편은 "알았어, 내가 곧 할께"라고 말하지만 어느 때는 그 말을 30년을 더 기다려야 하는 경우도 있었습니다. 제가 창고를 청소해 달라고 부탁하였지만 한 번도 창고를 청소해 준 적이 없었습니다. 그러나 이번 여름에 34년 만에 처음으로 함께 창고를 청소하였습니다. 그렇게 여러 면에서 다른 사람이었지만 점점 부부가 닮아가서 그런지 저는 점점 느려지고 남편은 점점 급해집니다. 말하는 투도 닮아가고, 생활 방식도 닮아갑니다. 식성도 비슷해지고 좋아하고 싫어하는 것이 점점 비슷해집니다. 그러면서 부부는 정말 닮아가며 그 분위기가 비슷하다는 것을 증명해나가고 있습니다.

그런데 이번에 안식일에 대한 개념을 이해하면서 제가 안식과 결혼하였다는 것을 알았으며, 그 안식의 주인인 그리스도와 결혼했다는 것을 알았습니다. 남편이 안식의 주인이라면 신부는 틀림없이 그 안식 안에서 쉼을 누리고 행복을 누릴 것입니다. 그리고 안식일에, 복을 주신 그날에 끝나지 않는 거룩한 교제를 통하여 점점 닮아갈 것입니다. 제가 남편을 닮아간 것처럼 말입니다.

탈무드 언어로 성화와 결혼이라는 말의 의미가 같습니다. 하나님께서 제7일을 복주시고 쉬셨을 때, 우리는 그분과 거룩한 교제로 들어가게 된 것입니다. 엿새 동안은 서로 열심히 일하지만 제7일에 쉬면서 안식하게 됩니다. 거룩한 분을 바라보며 생명을 나눕니다. 안식은 단순히 쉬는 것이 아니라 생명의 교제, 거룩한 만남을 나누는 날입니다. 안식은 단순히 일로부터 물러난 것이 아니라 보다 더 적극적인 일로 들어가는 것입니다. 그 일이 쉬는 것이며, 교제하는 것이며 사랑하는 것입니다. 또한 일로부터의 퇴거가 아니라 누구와의 만남을 의미합니다. 누구와 연합하는 것을 의미합니다. 바로 안식의 주인이신 그리스도와 결혼하는 것입니다.

이것을 이렇게 비유할 수 있습니다.

"안식일은 외로운 날이었다. 이것은 아들 칠 형제를 둔 임금에 비교할 수 있다. 아들 여섯에게는 각각 재산을 나누어주고 제일 막내에게는 고귀한 신분과 또 왕자의 특권을 주었다. 평범한 사람들인 여섯 형들은 짝을 만났으나 고귀한 신분의 막내는 짝을 얻지 못했다. 랍비 시므온이 말한다. 창조의 일이 모든 마친 후에 제 칠일이 탄원하였다. "온 우주의 주재시여 당신이 창조하신 만물은 모두 쌍쌍입니다. 주중의 모든 날들이 제 짝을 가지고 있습니다만 오직 저만은 혼자입니다." 그러자 하나님이 대답하셨다. "이스라엘 공동체가 네 짝이 되리라." 이 약속은 잊힌 바 되지 않았다. 이스라엘 백성이 시내 산 앞에 섰더니 여호와 하나님이 그들에게 말씀하시기를 내가 안식일에게 이스라엘 공동체가 네 짝이라고 한 사실을 기억하라. 그런즉 "안식일을 기억하며 거룩히 지키라."(출 20:8)고 하셨다. 거룩하게 하다는 뜻의 히브리어 레-카데쉬는 탈무드의 언어로 한 여인을 성별하는 것, 약혼시키는 것을 의미한다. 따라서 시내 산에서 들은 이 말씀의 의미는 이스라엘 백성의 마음에 자신들의 운명은 거룩한 안식일의 신랑이 되는 것이라는 사실, 즉 제 칠일을 아내로 맞아들이라는 명령을 되새겨 주고 있다"(同書, 67쪽).

그렇습니다. 시간의 지성소에서 하나님께 예배드리는 자들은 바로 이 예배의 날, 거룩한 날, 그날의 주인이신 그리스도와 결혼한 것입니다.

제가 메누하와 결혼하였다면 저는 계속 메누하를 닮아갈 것입니다. 마치 제가 남편을 닮아간 것처럼 말입니다. 누구와 결혼했느냐에 따라서 생활이 달라지고 위상이 달라집니다. 저의 고등

학교 동창들도 보면 남편의 위상에 따라 아내의 위상도 달라지는 것을 봅니다. 저는 평범한 목사의 아내, 하지만 참 남편은 메누하이며 저는 메누하인 그리스도와 결혼하였습니다. 그래서 저는 남편을 계속 닮아갈 것이며, 비슷한 분위기로 되어 갈 것입니다.

"오직 사랑 안에서 참된 것을 하여 범사에 그에게까지 자랄지라 그는 머리니 곧 그리스도라"(엡 4:15).

그리스도께서 저의 집을 방문해주신 것이 몇 년 지났습니다. 그때에 주님은 저에게 "나의 사랑하는 신부야"라고 불러주셨습니다. 제가 그의 아내가 되고 신부가 된다는 것이 무엇을 의미합니까? 주님이 저를 신부라고 불러주시는 것에는 어떤 의미가 있습니까? 주님은 저에게 오셔서 몸을 일곱 등분으로 나누어 성별하게 하고 치유하는 길을 보여주셨습니다. 저는 그분이 치유에 대하여 저에게 가르치고 있다고 생각하였습니다. 그러나 나중에야 그분이 신부를 정결하게 하고 싶어 하였으며, 그 과정이 신부를 거룩하게 하는 것임을 알았습니다. 몸의 모든 부분을 거룩하게 성별시키면서 그리스도의 신부로 준비하여 주셨던 것입니다. 주님은 신부의 성결을 그토록 원하셨습니다.

남편과 오래 같이 살면 서로가 비슷해집니다. 서로에 대하여 배우고 임파테이션 받습니다. 저는 남편으로부터 느긋하게 사는 법을 배워 왔습니다. 워낙 제가 급한 성격이고 완전하고 꼼꼼한 성격이라 저를 스스로 매일 들들 볶는 성격이었습니다. 쉬는 것이 허락이 안 되었고 누구보다도 부지런하게 많은 일을 하는 성격이었습니다. 쉬고 있으면 죄책감을 느끼는 그런 성격이었습니다. 항상 무엇인가를 해야만 하였고, 그러기 위하여 자신을 한시도 편안하게 놓아두지 않았습니다. 말도 급하고 행동도 급한 사람이었습니다. 그러한 저의 곁에는 언제나 느긋한 남편이 서 있었습니다. 처음에 저는 느긋한 성격에 못살 정도로 힘들었습니다. 무엇을 열심히 하다가도 느긋한 남편을 보면 속에서 불이 올라왔습니다. 그래서 속이 타서 혼자서 방방 뛰며 속상해 하였습니다. 저는 항상 남편에게 이렇게 말했습니다. "당신이 나와 보조를 맞추어서 좀 빨리 뛰어주었다면 우리는 정말 많은 것을 했을 거예요. 저는 당신이 뒤에서 잡아당기고 있어서 앞으로 나아갈 수가 없었어요." 남편이 함께 뛰어주지 않아서 그 자리에 항상 머물러야 하는 답답함, 여러분들도 충분히 상상이 될 것입니다.

그런데 남편은 제가 아무리 볶아도 여전히 그 자리에, 여전히 느긋하게 서 있었습니다. 나중에야 그것이 영성인 것을 알았습니다. 저에게는 불가능한 영성, 주님 안에서 쉬면서 걸어가는 영성인 것을 알았습니다. 그래서 남편의 별명이 뛰어 다니는 잠언이 아니라 걸어 다니는 잠언입니다. 남편의 지혜, "평생 달려갈 길을 뛰어가지 마라, 쉬면서 천천히 가라, 우리는 100m 달리기를 하는 것이 아니라 마라톤에 나간 사람들이다." 그 지혜가 저에게 임파테이션(전이) 해 오기 시작하였습니다. 그래서 저에게 가장 어려운 것, 천천히 인생을 즐기면서 걸어가는 법을 배우고 임파테이션 받았습니다. 이렇게 남편과 아내는 서로에게 좋은 것들을, 또한 나쁜 것들을 임파테이션 하며 사는 것입니다.

인간적인 남편으로부터도 많은 것을 임파테이션 받는다고 한다면 영원한 신랑 되신 그리스도로부터도 많은 것을 임파테이션 받을 것입니다. 그리스도와 결혼하면서 제가 임파테이션 받은 것이 있다고 한다면 가장 큰 것이 거룩, 사랑, 안식, 기쁨, 생명입니다. 이 모든 것이 임파테이션 된다면, 신부는 참으로 부요하게 살 수가 있습니다. 가난도, 저주도, 슬픔도, 질병도, 죽음도 없는 인생을 누릴 수가 있습니다. 그것이 광야에 살면서도 노래하며 걸어갈 수 있는 인생입니다. 신랑으로 인하여 날마다 노래하며 걸어가는 신부, 그 신부가 안식일과 결혼하여 얻은 축복의 열매입니다.

"내가 나그네 된 집에서 주의 율례들이 나의 노래가 되었나이다"
(시 119:54).

거룩: 그리스도의 신부는 성결하다

"오직 너희를 부르신 거룩한 이처럼 너희도 모든 행실에 거룩한 자가 되라 기록되었으되 내가 거룩하니 너희도 거룩할지어다 하셨느니라"(벧전 1:15,16).

주님이 가장 기뻐하시는 것은 거룩함입니다. 거룩은 하나님이 소유하실 때 거룩해 집니다. 하나님이 소유하시면 그 모든 것이 거룩해 집니다. 성지(聖地), 성소(聖所), 성도(聖徒), 성직(聖職), 성가(聖歌), 성찬(聖餐), 성물(聖物). 하나님은 이스라엘을 거룩한 백성으로 부르셨고, 그를 거룩한 신부로 삼기 위하여 광야학교, 가나안학교, 바벨론학교를 통과하게 하셨습니다. 그리고 끊임없이 이스라엘을 배교하는 간음하는 유부녀로 비유하면서 한 마음, 한 뜻으로 신랑과 언약을 맺는 백성이 되도록 초청하고 있습니다. 하나님의 거룩함으로 들어오도록 초청하고 계십니다.

그리스도와 결혼하였다는 의미, 안식과 결혼하였다는 의미가 바로 성화입니다. 거룩한 존재로 나아가는 데 있습니다. 안식일에 주님의 거룩한 얼굴을 바라보며 대면할 때에, 우리도 이 거룩함에 임파테이션 될 것입니다.

에스겔 16장에 나오는 말씀은 의미심장합니다. 하나님께서 길거리에 버려진 사생아를 잘 키워서 아내로 삼았습니다. 그런데 그 아내가 몸과 마음을 팔기 시작하였습니다. 돈이 필요하여 몸을 파는 것은 창녀라고 말할 수 있지만 돈이 있음에도 불구하고 몸과 마음을 파는 것은 죄질이 더 나쁜 간음한 유부녀입니다. 하나님은 몸을 파는 것보다 몸은 물론 마음까지 파는 신부들을 미워하십니다. 몸과 마음을 파는 간음한 유부녀, 이스라엘에게 하나님은 상처를 받으십니다.

"네가 누각을 모든 길 어귀에 건축하며 높은 대를 모든 거리에 쌓고도 값을 싫어하니 창기 같지도 아니하도다 그 남편 대신에 다른 남자들과 내통하여 간음하는 아내로다 사람들은 모든 창기에게 선물을 주거늘 오직 너는 네 모든 정든 자에게 선물을 주며 값을 주어서 사방에서 와서 너와 행음하게 하니 네 음란함이 다른 여인과 같이 아니함은 행음하려고 너를 따르는 자가 없음이며 또 네가 값을 받지 아니하고 도리어 값을 줌이라 그런즉 다른 여인과 같이 아니하니라"(겔 16:31-34).

몸으로 간음하지 않았다고 생각하는 모든 이들이, 마음으로 간음을 하고 있는 것을 봅니다. 몸으로 간음하지 않는 것보다, 마음으로 간음을 하지 않는 것이 더 어렵습니다. 몸의 간음은 곧 나타나지만 마음의 간음은 그 어느 누구도 제재할 사람이 없습니다. 외부에서 알지 못합니다. 그래서 저는 그리스도의 신부가 된 이후로 이 성결한 신부가 되기 위하여 투쟁을 벌려야 했습니다. 몸과 마음이 정결하기 위한 투쟁이 어떤 전쟁에 나가 피 흘리며 싸우는 것보다도 저에게는 더 힘들었습니다. 저의 육신이 끝까지 저를 놓아주지 않았기 때문입니다. 또한 음란의 영이 저를 잊어버릴 만하면 다시 미혹하였기 때문입니다.

　보던 세상 신문들을 더 이상 읽지 않았습니다.
　TV를 보거나 비디오를 빌려 보지 않았습니다.
　컴퓨터에서 나오는 더러운 영화도 보지 않았습니다.
　모텔에 들어가면 TV를 꺼버리고 모든 방에 기름을 부어 성결하게 하였습니다.

　그렇습니다. 가장 어려운 것이 마음의 성결이었습니다. 그래서 계속 기도하기 시작하였습니다.

　"주님, 내 마음 깊은 곳에 자리 잡은 음란한 생각, 내 잠재의식 속에 아직도 자리 잡고 있는 음란한 생각까지 모두 멸하여 주시고 성결의 기름부음을 더하여 주옵소서." 저는 영적, 육적, 사회적 나실인이 되기 위하여 철저하게 성별하였습니다. 아직도 이 싸움을 계속하고 있습니다. 아마 우리가 죽어서 주님의 영광 앞에 설 때까지 이 싸움은 계속될 것입니다.

그래서 저에 대하여 부담을 가지고 있는 분들이 많습니다. 그렇게 신문도 안보고 TV도 안보면 무슨 재미로 살며, 목사가 세상 돌아가는 소식을 들어야 하지 않느냐고 질문합니다. 저는 세상 소식을 인테넷 신문을 통해 보고 집에서 읽는 신문은 기독교 신문 하나입니다. 제가 주예수영성마을 카페에 들어가면서 다음(daum)에 나타난 세상 소식도 간간히 봅니다. 하지만 수십 페이지 되는 신문을 구독하면서 아침에 성경 읽는 시간보다 더 많은 시간을 할당해서 신문을 읽지 않고 있습니다. 휴가 기간 동안에는 가끔 TV의 뉴스도, 드라마도 남편목사님과 함께 봅니다. 하지만 제가 사역을 하는 동안은 어떤 것에도 눈길을 주지 않습니다.

그리고 제가 깨달았습니다. 세상에서 가장 큰 행복, 가장 큰 즐거움은 성결에 있다는 것을 알았습니다. 만일 우리가 남편 이외에, 아내 이외에 다른 사람에게 관심이 있다고 한다면 실제로 부부사이에는 그렇게 큰 행복과 기대가 없을 것입니다. 하지만 온전히 몸과 마음을 배우자에게 둔다면 그 둘만의 시간은 너무 행복할 것입니다. 저는 성결이 가장 큰 즐거움이며, 오락이며, 드라마이며, 뉴스이며, 휴가라는 것을 알았습니다. 거룩에 들어가면 들어 갈수록 거룩이 주는 즐거움은 깊고 놀랍다는 것을 알게 됩니다. 세상에서 칙칙하게 주는 그런 즐거움이 아니라, 거룩하고 신성하며 단순하고 힘이 있는 그런 즐거움, 그런 오락이 거룩을 통하여 체험할 수 있는 것입니다.

    실제로 제가 한국에 나가 있는 동안, 저는 이러한 성결에 대한 철저한 훈련과 경험을 하게 되었습니다. 한 달이나 두 달 동안 마음과 몸을 성결하게 지킨다는 것은 쉽지가 않습니다. 마음만 먹으면 남편이 없는 곳에서 얼마든지 음란한 생활을 할 수도 있습니다. 누가 저에게 제한하는 사람도 없고, 저의 사생활에 대하여 아는 사람도 없습니다. 그러나 저는 마음과 몸을 성결하게 하는 훈련을 할 때 가장 기쁜 순간이 미국으로 돌아와서 남편을 만나는 순간임을 알았습니다. 한국으로 가는 비행기를 타면서 저는 마지막 때의 예수 그리스도를 신랑으로 맞이할 때에 흠없고 점없는 거룩한 신부들의 기쁨이 얼마나 클지를 피부로 체험합니다. 만일 몸과 마음이 부정하였다면, 남편을 만나는 기쁨이 없을 뿐만 아니라, 불안하고 두려울 것입니다. 예전에 사우디아라비아에 남편을 일하러 보낸 아내들이 간혹 바람을 피우고 남편이 돌아온 후에 파경에 이르렀던 것을 많이 보았습니다. 성결하게 몸과 마음을 지킨 자들이 받는 그 보상의 즐거움은 그렇게 하지 않은 사람들은 이해할 수 없는 영역입니다. 몸과 마음을 성결하게 신랑을 위하여 지킨 자들이 받는 기쁨은 거룩한 신부들만의 것입니다. 그 기쁨이 얼마나 깊고 길고 넓고 높은지 그 신부들만 알 것입니다!!

사랑의 임파테이션
-그리스도의 신부는 고난도 넉넉히 이긴다

"누가 우리를 그리스도의 사랑에서 끊으리요 환난이나 곤고나 박해나 기근이나 적신이나 위험이나 칼이랴 기록된 바 우리가 종일 주를 위하여 죽임을 당하게 되며 도살당할 양 같이 여김을 받았나이다 함과 같으니라 그러나 이 모든 일에 우리를 사랑하시는 이로 말미암아 우리가 넉넉히 이기느니라 내가 확신하노니 사망이나 생명이나 천사들이나 권세자들이나 현재 일이나 장래 일이나 능력이나 높음이나 깊음이나 다른 어떤 피조물이라도 우리를 우리 주 그리스도 예수 안에 있는 하나님의 사랑에서 끊을 수 없느니라"(롬 8:35-39).

저는 이 바울의 고백을 너무 사랑합니다. 사랑이 있기 때문에 고난을 함께 나눌 수 있습니다. 사랑하기 때문에 핍박도 고난도 환란도 두렵지가 않습니다. 결혼하기 전 저의 3대 목표는 목사가 안 되고 사모가 안 되고 맏며느리가 안 되는 것이었습니다. 아버님이 목회를 하실 때에는 목회자들과 신학대학교수들이 가난하여서 저는 결코 목사가 되지 않고 목사와 결혼하지 않겠다고 결심하였습니다. 그것은 단순히 목회가 싫어서가 아니라 목회자가 걸어가야 하는 그 가난의 길이 싫었던 것입니다. 그런데 신학대학에서 사랑하는 사람을 만났습니다. 제가 그 사랑하는 사람을 만나자, 그 사람이 갖고 있는 가난, 질병, 아픔, 모두를 함께 가슴에 안게 되었습니다. 사랑하기 때문에 이 십자가의 길, 좁은 길을 노래하며 걸어갈 수가 있었던 것입니다. 저는 가난과 결혼한 것이 아니고 남편과 결혼하였고, 남편이 가지고 온 가난과도 친밀하게 지낼 수가 있었습니다. 사랑은 이 모든 것을 넉넉하게 이기게 하여 주었습니다. 사랑하는 사람과 함께 할 때에, 광야도, 사막도 두렵지 않은 것은, 사랑이 모든 것을 넉넉하게 이기게 하기 때문입니다.

사랑은 도피하지 않습니다. 사랑은 도망가지도 않습니다. 사랑은 함께 하고 싶고, 함께 하고 싶어서 목마릅니다. 비록 그 사람이 죽음을 앞에 둔 사람이라고 할지라도, 비록 그 사람이 동네에서 돌을 맞고 있는 사람이라고 할지라도, 그 사람을 떠날 수 없는 것은 사랑 때문입니다.

그리스도의 신부가 되어 그분으로부터 임파테이션 받는 것이 바로 이 사랑입니다. 신부를 위하여 생명을 내어놓은 그 사랑을 신부도 그대로 전이 받습니다. 죽음까지도 넉넉히 이길 수 있는 그 사랑, 그 사랑이 그리스도의 신부들에게 넉넉하게 넘치게 됩니다.

그래서 신부는 증거합니다. 증거하다가 죽을 수 있는 증인의 길을 걸어가게 되는 것입니다. 만일 증거하지 않는다면 핍박도 받을 필요가 없습니다. 아내들은 약할지 모르지만 그리스도의 신부는 강합니다. 그분이 대장임으로 신부도 그리스도의 군인으로 부름을 받았습니다.

"끝으로 너희가 주 안에서와 그 힘의 능력으로 강건하여지고 마귀의 간계를 능히 대적하기 위하여 하나님의 전신갑주를 입으라 우리의 씨름은 혈과 육을 상대하는 것이 아니요 통치자들과 권세들과 이 어둠의 세상 주관자들과 하늘에 있는 악의 영들을 상대함이라"(엡 6:10-12).

"너는 그리스도 예수의 좋은 병사로 나와 함께 고난을 받으라 병사로 복무하는 자는 자기 생활에 얽매이는 자가 하나도 없나니 이는 병사로 모집한 자를 기쁘게 하려 함이라"(딤후 2:3,4).

저는 천국에서 주님을 만났습니다. 저는 주님에게 주님과 함께 거할 신방을 보여 달라고 부탁하였습니다. 그러자 주님은 "나도 아직 신방에 들어가지 않았다."라고 말씀하셨습니다. 그 이유인즉 주님은 "나는 유괴된 자녀들을 되찾아 아버지에게 드림으로써 그분의 눈물을 닦아드리고 심장에서 흘러나오는 그 피가 멈추게 되는 순간까지 결코 신방에 들어가지 않는다. 나는 아버지의 뜻을 이루어드리기 위하여 존재한다."라고 말씀하시고 저에게 이리로 가까이 오라고 하시더니 군복을 입혀주셨습니다.

"함께 일하자. 함께 전투하러 가자. 유괴된 자녀를 아버지께 모두 되찾아 드릴 때까지"(『나의 사랑하는 신부여 이렇게 치유하라』 주예수 그리스도와 더불어 윤남옥 지음, 메누하출판사, 초판 2쇄 64쪽)

웨딩드레스를 입혀주실 줄 알았는데 군인의 옷을 입고 저는 전투상태로 들어가게 되었습니다. 메누하 치유집회현장은 전쟁터를 방불합니다. 기름부음이 임하기 시작하면 여기저기서 축사가 일어나고 붙어있던 귀신들이 떠나가게 되는데 그때 우리들은 전쟁터에 나온 군인의 모습으로 돌아가게 됩니다.

사실 조용하게 예식을 기다리는 수동적인 자세가 아니라 손을 걷어붙이고 군인의 옷을 입고 신랑과 함께 전쟁터로 뛰어 들어가는 능동적인 모습이 그리스도의 신부입니다. 그렇게 할 수 있는 것은 그리스도의 사랑입니다. 그분의 사랑을 받은 자들만이 할 수 있는 일입니다. 왜 사도 바울이 그렇게 많은 핍박가운데에서도 이길 수 있었겠습니까? 사도 바울은 그것이 바로 사랑이며, 이 사랑으로 인하여 어떤 것도 그리스도와의 관계를 끊을 자가 없다고 고백하였습니다. 고난도 넉넉히 이기는 사랑이 그리스도와 결혼한 사람들이 임파테이션 받는 선물입니다. 세상이 줄 수도 없고 빼앗아갈 수도 없는 그 사랑, 이 사랑이 결혼한 남편으로부터 전이되고 흘러옵니다. 그리스도의 신부는 이 사랑과 결혼한 것입니다.

"그러므로 내가 그리스도를 위하여 약한 것들과 능욕과 궁핍과 박해와 곤고를 기뻐하노니 이는 내가 약한 그때에 강함이라"
(고후 12:10).

"내가 수고를 넘치도록 하고 옥에 갇히기도 더 많이 하고 매도 수없이 맞고 여러 번 죽을 뻔 하였으니 유대인들에게 사십에서 하나 감한 매를 다섯 번 맞았으며 세 번 태장으로 맞고 한 번 돌로 맞고 세 번 파선하고 일주야를 깊은 바다에서 지냈으며"(고후 11:23-25)

주님께서 어느 날, 천국으로 저를 인도하여 주셨습니다. 저는 천국에서 공기가 사랑인 것을 깨달았습니다. 저의 마음 가운데 사랑이 넘치는 것이 아니라 천국의 공기가 사랑인 것을 온 몸으로 깨달을 수가 있었습니다. 하나님은 제가 알고 있는 한 목사님이 앞으로 받으실 교회와 교회 터를 보여주셨으며, 그 목사님의 가족을 생명강가로 인도하여 주시고, 그 아들을 생명강가에 담그시는 것을 보여주셨습니다. 그런데 그 생명강가에는 너무나 아름다운 오색찬란한 꽃들, 벨벳보다 더 부드러운 꽃들로 줄을 이었습니다. 그 생명강가에 몸을 담근 아들은 금새 생생한 아이가 되어 버렸습니다. 풀이 죽고 힘이 없던 아이가 생명으로 가득 차는 것을 보았습니다. 그때 저는 말할 수 없는 사랑으로 그들을 축복하여 주었습니다. 저는 속으로 "나 맞아?" 라고 물어보았습니다. 그 목사님이 받으실 교회와 교회 터는 저의 질투를 사기에 충분하였습니다. 하지만 천국에서는 하나님께서 멋있는 공간을 그 목사님에게 허락하신 것이 정말 감사하였습니다. 이것이 지상에서 일어난 일이었다고 한다면 저의 마음은 질투로 가득 찼을 것입니다. 왜냐하면 이 지상의 공기는 마귀의 공기, 질투와 미움, 분노로 가득 차 있기 때문입니다. 천상의 공기는 너무 부드럽고 싱싱합니다. 그리고 사랑입니다. 공기자체가 사랑입니다. 그 안에 사는 자는 사랑하려고 노력할 필요가 없습니다. 사랑이라는 공기 안에 있기 때문에 사랑하지 않으려고 노력해도 되지 않는 곳이 천국의 공기입니다.

저는 이러한 경험 이후에 제가 그리스도 안에 들어간다는 의미를 이해하였습니다. 제가 그리스도 안으로 들어가는 것은, 모든 공기 자체가 사랑인 천국에 들어가는 것과 같았습니다. 저의 마음에 작은 사랑이 들어와 있는 것이 아니라 제가 사랑이라는 공기 안으로 들어가는 것입니다. 그래서 우리를 통해서 사랑이 흘러나가며 축복이 흘러나가는 것입니다. 그러한 사랑은 주님 안으로 들어갈 때, 그분의 얼굴을 대면할 때, 우리에게도 넘쳐 흘러나옵니다.

안식의 임파테이션
-그리스도의 신부는 편안합니다

메누하는 쉼(쉴만한)이라는 뜻이고 샬롬은 평안이라는 말입니다. 쉼과 평안, 이것은 절대적인 관계라고 봅니다. 쉼이 없는 평안, 평안이 없는 쉼, 그것을 상상할 수가 없습니다. 그리스도의 신부는 이러한 쉼과 평강을 선물로 받은 자들이며 임파테이션 받은 자들입니다. 예전에 어떤 분이 저의 얼굴을 보고 '목사님의 얼굴에서 평강이 보입니다.' 라고 한 적이 있었습니다. 그것은 아주 오랜 전의 일이었습니다. 그런데 요사이에는 그런 말을 더욱 자주 듣습니다. 제가 목사인지 몰랐던 어떤 분이 "참 무엇인가가 달라보였어요. 아주 평화로운 얼굴이었어요."라고 말하기도 하였습니다. 주님과 결혼한 사람들에게 나타나는 것이 바로 이 평강입니다. 사실 예전보다 저는 더 많은 일을 합니다. 그리고 더 바빠졌습니다. 바쁘면서도 얼굴에는 평화가 넘칩니다. 기쁨이 넘칩니다. 왜냐하면 일하면서도 누리는 능동적 안식을 갖고 있기 때문입니다.

예수님은 제자들을 내어보내면서 "평안을 빌라."라고 말씀하셨습니다. 예수님이 제자들을 통하여 주시기를 원하는 가장 큰 선물은 평안입니다. 이것은 안녕하십니까? 라는 말과 다릅니다. 안녕은 안전하였느냐? 식사는 잘 했느냐? 밤새 도적이나 강도가 들어오지 않았느냐? 모든 식구들에게 별일이 없느냐? 라는 안부 인사입니다. 그러나 평안(샬롬)은 구약에서 건강을 대치하는 말로 사용한 말입니다. 샬롬은 단순히 마음이 편안하고 안전한 것이 아니라 관계에서 평안한 것을 의미합니다. 우리의 신앙의 목적은 바로 이 샬롬을 매일 누리는 것입니다. 그런데 이 샬롬이 어느 때에 깨지고 말았을까요?

하나님으로부터 멀리 떠나갈 때,
이웃과 불편한 관계를 가질 때,
나 자신과의 건강한 관계가 없을 때,
땅과의 관계가 건강하지 않을 때 입니다.

샬롬은 언제나 관계로부터 옵니다. 그래서 구약에서는 샬롬의 상태를 건강한 상태라고 지적하고 있습니다. 하나님과의 관계가 샬롬이 되려면 용서가 필요합니다. 죄책감을 갖고 있는 한, 절대로 샬롬이 있을 수가 없습니다. 이웃과의 관계가 샬롬이 되기 위하여도 용서가 필요합니다. 이 용서는 내가 용서하기, 내가 그를 풀어놓아 주는 용서입니다. 이렇게 될 때 진정한 평강을 누릴 수가 있습니다. 그러므로 진정한 평강은 십자가의 사건에 있습니다.

하나님과 사람들과의 관계가 깨어져도 샬롬이 없어지지만 땅과의 관계가 불편해도 샬롬이 없습니다. 대부분의 사람들이 땅과의 관계를 생각하지도 않고 모르기 때문에 무시해버리는 경우도 많습니다. 하지만 땅이 사람을 저주함으로써 땅으로부터 풍성한 열매를 맺지 못하게 되었습니다. 하나님은 땅으로부터 나오는 모든 열매가 수고한 것만큼 나오지 못하도록 하셨습니다. 결국에 경제적 샬롬이 깨어진 것입니다. 수고한 것만큼 소산이 있다면 얼마나 좋겠습니까? 그러나 하나님은 땅에 엉겅퀴가 나게 함으로 수고한 것만큼 소산이 나오지 못하도록 하셨습니다. 땅과의 샬롬이 깨어진 사람들, 의외로 많습니다.

더욱 중요한 것은 나와의 샬롬입니다. 나와 잘 지내는 것, 나를 잘 다스리는 것이 영성 중의 가장 큰 영성이며, 성을 정복하는 것보다 더 힘든 일입니다. 내가 얼마나 소중한 존재이며, 내가 얼마나 귀한 분이 찾고 있는 존재인지 알고 나를 있는 모습 그대로 받아드릴 때, 그때 샬롬이 강같이 흐릅니다.

그러므로 이 샬롬은 그리스도 안으로 들어갈 때만이 가능합니다. 샬롬의 주인도, 안식의 주인도 역시 그리스도이십니다.

삭개오도 이러한 평강을 주님을 만남으로 누렸습니다. 그는 자신에 대한 자긍심도 없었고, 이웃과의 평강도 없었고 더군다나 예수님과의 관계는 없었습니다. 그는 단지 공간을 확장하는데 혈안이 되어 있었습니다. 더욱더 많은 세금을 거두어 드리고, 그 많은 부분을 자기 주머니로 넣었습니다. 그래서 20개 이상의 방이 있는 대 저택을 소유할 수 있었습니다. 그러한 삭개오가 주님을 대면하게 되었습니다. 그것은 바로 영원으로 향한 문, 카이로스의 시간 앞에 선 것입니다. 공간을 확장하면서 행복을 누리지 못하던 삭개오가 드디어 새로운 인생으로 태어납니다. 그것은 예수님과의 만남에서 메누하를 만났기 때문입니다. 세상적인 가치가 아니라 영원한 가치, 주님과의 거룩한 교제의 시간으로 들어갔기 때문입니다. 삭개오는 자신의 재산의 반을 포기합니다. 그리고 이웃을 얻습니다. 특히 가난한 이웃을 이제 진정한 친구로 얻습니다. 그리고 자기 자신에 대한 자화상이 달라집니다. 이제 그는 공간의 확장에 목마른 자가 아니고 의에 주리고 목말랐으며, 의를 위하여 핍박을 받을 수 있는 사람이 됩니다. 삭개오는 분명히 달라졌습니다. 왜냐하면 그가 주님과 대면하고 주님과 거룩한 교제를 가지는 순간, 그의 마음에 누구도 빼앗아갈 수 없는 메누하, 샬롬이 넘쳤기 때문입니다. 그는 이 귀중한 진주를 자기의 재산을 다 팔아서 샀습니다. 아마 삭개오는 예수님을 만나서 가난한 자가 되었던 사람 중의 하나였을지도 모릅니다. 재산의 반은 가난한 자들에게 주었고, 예전에 토색한 것을 네배로 갚기 시작했다고 한다면 삭개오는 아마 어떤 재산도 남아있지 않았을 것입니다. 그런데 삭개오는 이 재산보다 더 중요한 샬롬을 얻었습니다.

예수님과의 샬롬, 이웃과의 샬롬, 자신과의 샬롬, 그리고 사회 직장과의 샬롬을 얻었습니다. 돈으로 살 수 없는 평강이 삭개오의 것이 되었습니다. 그리고 그것으로 인하여 예수님은 그에게 진정한 구원이 임하였다고 말씀하셨습니다.

삭개오는 가지면 가질수록 행복지수가 높아진다고 생각했습니다. 그러나 나누면 나눌수록 말할 수 없는 행복이 넘쳐나는 것을 깨달았습니다. 그 전에는 세상에 나가면 나갈수록 더욱 공허하였습니다. 그런데 그리스도와 대면하면서 영원을 만납니다. 어느 것도 채워줄 수 없는 충만함이 마음에 넘쳤습니다. 삭개오는 자신을 지키는 것이 아니라, 자신을 내어 하나의 밀알이 되어 희생할 때, 얼마나 큰 기쁨이 있는지를 알았습니다. 삭개오는 비로소 평안이라는 그리스도를 마시고 또 마실 수가 있었습니다. 나누어주고, 버리고, 희생하고, 포기할 때, 그는 채워지고 배부르게 되고 평강이 강같이 흘러 넘쳤습니다. 자신이 이 세상에 존재해야 하는 이유를 알았습니다. 드디어 시간의 지성소가 삭개오의 마음에 건축되기 시작하였습니다.

"평안을 너에게 끼치노니 곧 나의 평안을 너희에게 주노라 내가 너희에게 주는 것은 세상이 주는 것과 같지 아니하리라 너희는 마음에 근심하지도 말고 두려워하지도 말라"(요 14:27).

이 관계에서 얻는 쉼과 평안은 공간에서 얻을 수도 없고, 살 수도 없는 평강입니다. 오로지 그리스도 안에 들어갈 때만이 얻을 수 있는 안식입니다. 이것은 비바람이 치고 환란이 닥쳐와도 여전히 잃어버릴 수 없는 쉼입니다. 공간에서 주는 쉼은 안락한 환경, 푸른 초원, 맑은 물, 조용한 공간, 이런 데서 얻을 수 있는 것입니다. 그러나 시간에서 얻는 쉼은 환경이 어떠할지라도 마음 속 깊이 요동치 않는 쉼과 평강입니다.

"내가 여호와를 항상 내 앞에 모심이여 그가 나의 오른쪽에 계시므로 내가 흔들리지 아니하리로다 이러므로 나의 마음이 기쁘고 나의 영도 즐거워하며 내 육체도 안전히 살리니 이는 주께서 내 영혼을 스올에 버리지 아니하시며 주의 거룩한 자를 멸망시키지 않으실 것임이니이다"(시 16:8-10).

이러한 쉼을 오로지 그리스도 안에서 누립니다. 그리고 그분으로부터 이러한 쉼과 평강을 임파테이션 받습니다.

기쁨의 임파테이션
-그리스도의 신부는 즐거움이 영원하다

"여호와께서 야곱을 구원하시되 그들보다 강한 자의 손에서 속량하셨으니 그들이 와서 시온의 높은 곳에서 찬송하며 여호와의 복, 곧 곡식과 새 포도주와 기름과 어린 양의 떼와 소의 떼를 얻고 크게 기뻐하리라 그 심령은 물 댄 동산 같겠고 다시는 근심이 없으리로다 할지어다 그때에 처녀는 춤추며 즐거워하겠고 청년과 노인은 함께 즐거워하리니 내가 그들의 슬픔을 돌려서 즐겁게 하며 그들을 위로하여 그들의 근심으로부터 기쁨을 얻게 할 것이라"(렘 31:11-13).

그리스도의 신부들이 임파테이션 받는 것은 그분의 기쁨입니다. 자녀들을 찾으시고, 신부들을 찾으셨을 때의 기쁨입니다.

"너희 하나님 여호와가 너희 가운데에 계시니 그는 구원을 베푸실 전능자이시라 그가 너로 말미암아 기쁨을 이기지 못하시며 너를 잠잠히 사랑하시며 너로 말미암아 즐거이 부르며 기뻐하시리라 하리라"(습 3:17).

하나님은 신부들을 찾으시고, 자녀들을 찾으시고 기쁨을 이기지 못하신다고 표현하셨습니다. 하나님의 기쁨은 영원합니다. 천국은 기쁨의 장소이며, 슬픔과 눈물이 그치는 곳입니다. 저는 이 지상의 공간에서 느끼는 기쁨은 그렇게 오래 가지 못한다는 것을 알았습니다. 환경이 열악해지고 힘들어지면 또 불평이 나오게 되고 슬픔으로 변합니다. 한국의 가장 큰 문제점은 온 사회가 슬픔에 빠져 있다는 것입니다. 그 슬픔이 우울증과 자살로 이

어지고 있습니다. 대통령도 자살하고 연예인들도 자살하고 청소년들도 자살합니다. 슬픔이 한국에 만연합니다. 공간이 확장되고, 경제가 일어나고 한국의 곳곳이 현대화되고 있지만 그 마음의 밭은 황량하기 그지 없습니다. 아무도 그들 마음에 충만한 기쁨을 심어주지 못하고 있습니다. 교회도 역시 심어주지 못하고 있습니다. 서로 공간을 확장하고 명예를 얻으려고 하는 동안에, 청년들이나 어린아이들을 적절하게 말씀으로 지도하지 못할 뿐만 아니라 거룩한 하나님의 임재를 대면하도록 인도하지 못하고 있습니다. 청년들이나 어린아이들은 교회에서 그림 색칠이나 하고 도덕적인 설교를 듣는 것, 도덕적인 코드를 지키는 것에 싫증이 나서 밖으로 나가버립니다. 그곳에서 주는 열락에 취합니다. 사회는 그들을 즐겁게(entertain)해 주기 때문입니다. 그러나 그 즐거움은 순간적이고 육감적인 것들입니다. 채워도 채워도 채워지지 않는 목마른 즐거움입니다. 그래서 수가의 사마리아 여인처럼 목마르게 됩니다. 그 목마름을 채우지 못하여 자살로 끝나는 아이들도 많고 우울증으로 온 집안을 슬픔의 노예가 되도록 하는 사람들이 많이 있습니다.

하지만 수가의 사마리아 여인이 주님을 만나고, 니고데모가 주님을 만난 후 그 목마름을 해결 받은 것처럼, 이제 하나님과의 거룩한 대면만이 그들에게 살 길이 됩니다. 왜냐하면 세상에서 주는 기쁨은 순간적이요, 인간으로부터 오는 것이요, 제한적인 것이기 때문에, 결코 만족하지 못합니다. 더욱 목마를 뿐입니다. 마치 바닷물을 마셨을 때, 목이 더 마른 것처럼 말입니다. 그래서 그들은 만족하지 못하고 더 깊고 더 강도가 높은 즐거움을 요구하게 됩니다.

제가 요사이 한국에 가서 보니 아이들을 즐겁게 해 주기 위한 놀이터가 곳곳에 생겨서 미국보다 더 아기자기한 즐거움을 가족들이 더 많이 누릴 수 있게 되었습니다. 호텔도 수영장도 어린아이들을 가진 부모들을 겨냥하여 아이들을 즐겁게 해 줄 장소들을 찾아 나서도록 유도하고 있습니다. 그러나 그러한 즐거움은 잠시뿐입니다. 더 강도 높은 즐거움이 그들에게 필요합니다. 왜냐하면 이것은 영혼을 살찌우는 즐거움이 아니라 육체를 즐겁게 하고 눈을 즐겁게 하는 오락에 지나지 않기 때문입니다. 그래서 더 강도 높은 즐거움을 주기 위한 부모들의 노력이 시작됩니다. 그러나 그것은 아주 순간입니다. 그리스도로 채워지지 않은 영혼은 더 강도 높은 세상적 놀이를 찾아 나섭니다. 나를 좀 즐겁게 해 주세요. 나를 신나게 해 주세요…. 곳곳에서 목마른 아이들이 외치고 있습니다. 그 목마른 아이들이 마약, 록 뮤직, 미디어 등에 빠져서 그 목마름을 순간적이고 세상적인 것으로 해결하려고 발버둥치고 있습니다.

하지만 그리스도의 신부들은 그렇지 않습니다. 주님이 주시는 놀라운 기쁨으로 충만합니다. 그 기쁨은 공간이나 환경이나 가진 것에 의하여 결정되는 기쁨이 아니라 만남에서 오는 기쁨입니다. 함께 함으로 오는 기쁨입니다. 영원한 것으로 채워짐으로 오는 기쁨입니다. 세상의 어떤 것과도 대치할 수 없는 기쁨입니다. 그리스도는 이러한 기쁨을 신부들에게 임파테이션 해 줍니다. 안식과 결혼한 자들은 이러한 기쁨으로 영원히 목마르지 아니합니다. 환경이 달라지고 더 열악해 져도 그 기쁨을 빼앗아 갈 자가 없습니다. 그 기쁨이 환경에서 온 것도 아니고, 그 기쁨이 소유하기 때문에 온 것도 아니기 때문입니다.

사도 바울이 착고에 차였어도, 온 몸에 매를 맞고 고통 중에 있었어도, 찬양을 부를 수 있었던 것도 하늘로부터 오는 깊고 놀라운 기쁨이 심령으로부터 넘쳐흘렀기 때문입니다. 유럽으로 선교를 가라는 성령님의 음성을 듣고 순종하였을 때에, 빌립보에서 전도의 길이 열리게 되었습니다. 그것이 사도 바울의 심령에 넘치는 기쁨을 채워주었습니다. 자신의 고통이 아니라 하나님의 뜻이 이루어졌다는 것에 대하여 한없이 기뻤던 것입니다. 세상이 이해할 수 없는 그 기쁨을 사도 바울은 옥중에서 만끽하고 있었습니다.

"그가 이러한 명령을 받아 그들을 깊은 옥에 가두고 그 발을 착고에 든든히 채웠더니 한밤중에 바울과 실라가 기도하고 하나님을 찬송하매 죄수들이 듣더라"(행 16:24,25).

성경에는 의에 주리고 목마른 자는 복이 있다고 말씀하셨습니다. 우리가 어떤 것에 목마를 때에, 망하는 목마름과 승리하는 목마름이 있습니다. 하나님에 대하여 주리고 목마르면 승리합니다. 그러나 세상에 대하여 목마르면 실패합니다. 이러한 의에 주리고 목마른 사람이 승리하도록 돕는 것이 바로 안식일입니다. 안식일에 충만하게 채워지는 기쁨으로 인하여 제6일을 정복하고 다스릴 수가 있는 것입니다. 안식일이 없다면 우리는 언제나 배고프고 목마르고 슬플 것입니다. 어떤 기쁨도 찾을 수가 없을 것입니다. 그 기쁨은 순간적이라서 더 목마르고 배고프고 괴로울 것입니다. 하나님을 탐하며, 하나님을 기대하며, 하나님에 대하여 갈망하며 소망하는 목마름, 이러한 목마름이 진정한 해결책이 될 것입니다. 목마름은 목마름으로 해결해야 합니다. 시간의 지성소를 향한 목마름이 우리의 근본적인 모든 목마름을 해결해 줍니다. 시간의 지성소로부터 흘러나오는 기쁨만이 영원하며 우리의 근본적인 슬픔과 근본적인 목마름을 해결해 줍니다.

생명의 임파테이션
-그리스도의 신부는 보좌 중심의 생활을 한다

"이것은 하늘에서 내려온 떡이니 조상들이 먹고도 죽은 그것과 같지 아니하여 이 떡을 먹는 자는 영원히 살리라"(요 6:58).

"그 주인이 이르되 잘 하였도다 착하고 충성된 종아 네가 작은 일에 충성하였으매 내가 많은 것으로 네게 맡기리니 네 주인의 즐거움에 참예할지어다"(마 25:23).

십자가가 신학의 중심이기는 하지만 실제 생활에서 그리스도의 신부는 보좌 중심의 삶을 살게 됩니다. 십자가는 어떤 의미에서 어두운 느낌이 듭니다. 우리가 늘상 말하는 십자가의 형틀은 상상하는 것 이상으로 참담한 것입니다. 이러한 십자가의 형틀이 실제로 영상화하여 큰 반응을 일으킨 적이 있었습니다. 그래서 신앙생활을 하는 사람들은 아주 슬프고 희생하고 버리고 죽고 하는 식의 어두운 면의 신앙생활을 선택하는 경우가 있습니다. 하지만 십자가로 인하여 신부들은 더 이상 어두운 삶이 아닌 보좌 중심의 삶을 누릴 수가 있게 된 것입니다. 이제 우리의 정과 욕심을 십자가에 못 박고, 보좌 중심의 삶을 살면서 보좌로부터 부어주시는 능력과 기쁨, 즐거움, 평화, 안식, 생명을 누리며 살아야 합니다.

영성훈련을 인도하면서 생명의 단계에 대하여 설명하면 잘 이해를 하지 못합니다. 육신적인 단계, 진리의 단계, 생명의 단계 등 영성훈련을 8단계로 나누어서 설명해 주는데 그것을 잘 이해하지 못하고 도대체 생명이 된다는 것이 무엇을 의미하느냐고 묻습니다. 부부생활이 생명이 되고, 자녀교육이 생명이 되고 봉사가 생명이 된다는 것을 설명해도 머리를 갸우뚱하면서 이해하기 어렵다고 말합니다.

주님은 "나는 길이요, 진리요, 생명이다."라고 말씀하셨습니다. 길의 단계에 들어가서 신앙생활을 하는 사람들도 있고 진리의 단계로 들어가서 생활을 하는 사람들도 있습니다. 그러나 우리의 종국적인 목적은 생명의 단계에 이르는 것입니다. 저는 주님이라는 길에 들어가게 되면 그 길이 진리로 인도해주고 그 진리는 우리를 생명으로 인도한다고 믿습니다.

성막을 보게 되면 번제단이 있습니다. 이 번제단은 은혜요, 길입니다. 우리가 구원받을 수 있는 길입니다. 이 번제단의 제물로 인하여 구원받을 수 있는 길이 열렸습니다. 그리고 그 길은 전적으로 은혜로 들어갑니다.

그러나 보다 중요한 것은 성소로 들어가는 것입니다. 성소에는 떡상이 있고 금등대가 있고 분향단이 있습니다. 이곳은 은혜로 들어간 성도들이 자신의 겉사람을 처리하는 단계입니다. 진리를 따라 순종하는 삶을 살기 위하여 자기 정과 욕심을 십자가에 못 박아야 하는 단계입니다. 번제단에서는 주님께서 모든 것을 희생하셨지만 성소에서는 우리의 겉사람이 벗겨져서 귀한 성물로 거듭나는 일이 일어납니다. 떡상의 떡도 씨의 껍질이 벗겨지고 부스러지고 기름을 발라 다시 구워져야 남들이 먹을 수 있는 떡이 되어갑니다. 그 씨앗이 그대로 있는 한, 남이 먹을 수 있는 생명이 되지 못합니다.

보좌 중심의 생활을 한다는 것은 구체적으로 무엇을 의미할까요? 그것은 주님의 즐거움과 기쁨을 누리며 산다는 것을 의미합니다. 마태복음은 달란트 비유를 통하여 신실하고 충성된 종들을 주인의 즐거움으로 초대합니다. 여기에서 주인의 즐거움(kara)은 무엇입니까? 이것은 잔치로 번역해도 좋습니다(풀핏 성경주해, 에 9:17). 이러한 잔치에는 노예나 종은 들어갈 수가 없었는데 여기에 초대받았다는 것은 이미 종의 신분에서 해방된 것을 의미합니다. 이것은 단순히 종의 신분에서 해방된 것만을 의미하는 것이 아니고 위엄 있는 신분을 얻은 것을 의미합니다. 또한 위엄 있는 신분을 얻는 것만을 의미하는 것이 아니고 주인의 임재를 누릴 수 있는 충만한 기쁨을 의미하는 것입니다. 요약하면 다음과 같습니다.

① 주인으로부터 칭찬을 받고 잔치에로 초대받음
② 종의 신분에서 해방되어 위엄 있는 신분을 얻게 된 것을 의미
③ 위엄 있는 신분을 얻었을 뿐만 아니라 주인의 임재(현현)를 언제나 누릴 수 있음을 의미
④ 주인과 함께 먹고 마시는 즐거움에 동참(계 3:20)
⑤ 이 축복은 주인의 모든 축복을 총망라한 축복임

레이튼은 이러한 기쁨을 '우리 안으로 들어오는 기쁨이 아니라 우리가 기쁨의 바다로 들어가는 것'이라고 표현하였습니다. 마치 우리가 몇 방울의 물을 우리 안으로 들여오는 것이 아니라 우리가 큰 바다 속으로 들어가 바다의 모든 것을 누리는 것과 같다고 표현하였습니다.

"우리가 이 세상에서 받을 수 있는 것은 우리 안에 들어오는 몇 방울의 기쁨에 지나지 않는다. 그러나 위로부터 오는 기쁨은 마치 그릇을 행복의 바다에 넣는 것과 같은 것이다"(레이튼).

인간을 창조하신 목적이 하나님께 경배드리고 예배드리는 것이라고 한다면 그 예배의 열매는 기쁨, 즐거움입니다. 그것은 주인에게도 즐거움이요, 우리에게도 즐거움이 됩니다. 함께 잔치에 참여하는 즐거움, 축제의 삶에 동참하는 즐거움이 넘치게 됩니다.

주님과 연합하는 신부의 삶의 열매는 바로 이러한 축제, 잔치에서 얻을 수 있는 즐거움과 생명입니다. 그것도 주인의 즐거움, 하나님의 즐거움을 누리는 영광입니다. 인간의 어떤 즐거움과 비교할 수 없는 주인의 즐거움에 동참한다는 것은 놀라운 감격이고 영광이며 특권입니다.

그러나 신앙생활이 그렇게 어렵고 힘든 것은 겉사람으로 살아가기 때문입니다. 겉사람이 처리되어 속사람을 따라 살며 주님의 임재를 누리며 살게 될 때에는 이러한 잔치, 축제의 삶을 누리게 됩니다. 이것이 보좌 중심의 삶이며 주인의 즐거움을 누리는 삶입니다.

보좌 중심의 삶은 생명을 누리는 삶입니다. 생명을 누릴 뿐만 아니라 생명을 낳는 삶입니다. 생명은 생명을 낳고, 기쁨은 기쁨을 낳습니다. 대체적으로 신앙생활을 하면서 누리는 것을 잘 하지 못하는데 하나님께서는 풍성하고 부요하게 보좌 중심의 삶을 누리고 살도록 인도하여 주십니다.

주님이 길이라고 하셨는데 길에 이르면 진리에 도달합니다. 이 진리는 생명으로 인도합니다. 성막으로 말하면 지성소에 도달하는 것입니다. 성소에서 겉사람의 처리를 하고 지성소에 들어가게 되면 그곳은 생명을 누리는 곳입니다. 보좌 중심의 생활은 바로 주님의 지성소에서 생명을 공급받고 생명을 누리며, 하나님을 찬양하며 사는 삶입니다.

봉사도 생명이 됩니다. 마치 마르다가 생명이 봉사가 되어 불평 없이 찬양과 기쁨으로 주님 앞에 나오는 것과도 같습니다. 그 전에는 주님을 바라보기 보다는 자신의 의를 내세우는 마르다였지만 주님의 눈물을 만나고 난 후, 마르다의 영성은 생명이 되어 주님을 위한 기쁨의 봉사가 시작됩니다. 동생 마리아가 300데나리온 이상의 향유를 주님의 발 앞에서 낭비하고 있어도 개의치 않습니다. 마르다는 주님 앞에서 그분을 위한 봉사에 생명을 내어놓았기 때문입니다.

주님을 바라보며, 주님과 거룩한 교제를 하는 그리스도의 신부는 이렇게 보좌중심의 생활을 하게 되며 생명을 임파테이션 받게 됩니다. 생명이 있는 곳에 더욱 풍성한 생명이 있으며, 기쁨이 있는 곳에 더욱 풍성한 기쁨이 있게 됩니다. 이러한 기쁨과 생명의 특징은 순간적이 아니라 영원히 계속된다는 것입니다. 왜냐하면 그 기쁨과 생명의 근원이 인간으로부터 나오는 것이 아니라 생명의 근원이신 주님으로부터 흘러나오기 때문입니다. 그리스도의 신부는 이렇게 보좌 중심의 생활을 하면서 영원한 행복을 이 땅에서도 누리게 됩니다.

■ 여러분이 그리스도의 신부로서 임파테이션 받고 싶은 것은 어느 것입니까?

■ 여러분은 안식과 결혼하였습니까? 안식과 결혼하는데 가장 방해가 되는 것은 무엇입니까?

나는 안식(메누하)과 **결혼하였다**

제6일의 가정에서 제7일의 가정으로

"하나님이 자기 형상 곧 하나님의 형상대로 사람을 창조하시되 남자와 여자를 창조하시고 하나님이 그들에게 복을 주시며 하나님이 그들에게 이르시되 생육하고 번성하여 땅에 충만하라 땅을 정복하라 바다의 물고기와 하늘의 새와 땅에 움직이는 모든 생물을 다스리라 하시니라"(창 1:27, 28).

하나님은 제6일에 남자와 여자를 만드시고 가정을 이루게 하셨습니다. 그리고 그들에게 온 만물을 다스리고 정복하도록 권세를 주십니다. 가정은 공간의 세계를 창조하는 6일 동안에 가장 마지막에 창조가 되었으며 창조의 클라이맥스가 되었습니다. 하나님은 가정에게 큰 복을 주시고 생육하고 번성하고 충만하고 정복하고 다스리도록 하셨습니다. 그것은 남자와 여자에게 함께 주신 축복이었습니다.

그럼에도 불구하고 이러한 축복이 가정에서 유지된 것은 아닙니다. 오히려 요사이 가정은 아주 심각한 상태에 있어서 가정 자체가 지옥인 경우도 많이 있습니다. 아무도 밖에서 알 수 없는 비밀이 있는 가운데 폭력이 난무하고 부부가 치고 박고 싸우며 갈등을 느끼는 가정, 곧 역기능 가정들이 곳곳에 있습니다.

저의 딸과 함께 대학교에서 같은 아파트에서 살며 같은 클럽 활동(카이 오메가 Greek 클럽)을 하던 한 친구가 죽음을 당한 것이 신문에 났습니다. 카이 오메가 그릭 클럽은 대부분 상류층 자녀들이 대학을 다닐 때에 함께 공동생활하는 클럽으로 미국에서 유명한 정치인들도 이러한 클럽 회원들이었습니다. 내용인즉 남편이 총으로 아내를 사살하고 자신도 총으로 쏴서 자살을 한 것입니다. 4살짜리 금발머리의 딸 아이가 남겨졌는데 그 아이는 할머니와 머물고 있다고 합니다. 저의 딸이 가슴이 찢어지는 것 같다고 하면서 기도해달라고 연락이 왔습니다. 어떤 사정이길래 남편이 동반죽음을 택하였을까요? 살인을 한 것인지 같이 자살을 한 것인지 알 수 없지만 그 남겨진 4살짜리 딸로 인하여 저도 너무 마음이 아팠습니다. 교양 있는 가정, 부유한 가정, 그리고 제대로 교육을 받은 가정에서 이런 참담한 일이 일어났다는 것을 믿을 수가 없습니다. 가정은 행복의 장소가 아니라 이렇게 비참하고 참담하고 역기능적인 장소, 지옥을 미리 맛보는 장소로 전락하고 있습니다. 콩가루 집안이 되어가는 가정들이 얼마나 많은지 모릅니다. 자신이 낳은 아이를 죽여서 길거리에 버리는 부모도 있는데 일일이 열거하려면 끝도 없을 것입니다.

그래서 제6일의 가정이 제대로 서기 위하여, 정말 메누하를 누리는 가정이 되기 위해서는 제7일이 존재해야 합니다. 제7일이 6일을 완성시켜 주지 않는 한, 가정은 천국이 아니라 지옥이 될 가능성이 더 많습니다. 에덴동산을 쫓겨난 아담 가족이 만난 첫 번째 비극은 무엇입니까? 카인이 동생 아벨을 죽인 사건이었습니다. 서로 형제들이 죽이는 피투성이 가정을 보아야 한다는 것처럼 참담한 것은 없을 것입니다.

이러한 가정에 하나님이 메누하를 주시기 위하여 제7일을 축복받은 날로 초청해주십니다. 그리고 가정이 얼마나 중요한지 말씀해 주십니다. 제7일이 대성전이라면 주중은 언제나 소성전일 것입니다. 월요일도, 화요일도 소성전입니다. 제7일만이 구별된 날이 아닙니다. 만일 그렇게 생각한다면 6일은 아무렇게나 살아도 될 것입니다. 만일 주일과 제6일을 구별하여 살게 된다면, 자녀들은 6일은 세상적으로 제7일은 거룩하게 보내게 되면서 두 차원의 세계를 오고 가게 될 것입니다. 제7일만 하나님의 날이 아니요, 모든 6일 동안이 하나님의 날이요, 창조의 날이요, 성전이며 거룩한 날인 것입니다. 우리는 모두 7일을 성별하여 사는 존재들입니다.

이러한 소성전의 삶과 대성전의 삶을 가르쳐주는 것이 가정입니다. 가정이 소성전의 역할을 감당하지 않는다면 제7일만 거룩하게 보낼 것입니다. 하나님은 모든 날들에 거룩한 생활을 하기 원하고 모든 날들이 하나님의 성전이 되기를 원하십니다.

이러한 6일이 제7일에 주신 복을 함께 누리기 위하여 부모님들이 제사장이 되어야 합니다. 가정에서 예배와 찬송이 울려 퍼져야 합니다. 가정에서 가정예배가 사라진 이후에 가정은 세상에 속한 것이 되었고, 가정은 황폐한 사막과 같은 장소가 되었습니다. 자녀들이 혼돈가운데 있고, 자녀들이 사탄에게 매인 바 되었고, 모든 가치가 어둠의 세력의 가치들로 바뀌어 지게 되었습니다. 공간을 확장하는 것이 가치가 되어, 날마다 하나라도 더 많은 것을 얻기 위하여 경쟁하고 피터지게 싸우는 사람들이 되어 버렸습니다.

최초에 하나님은 남자와 여자를 창조하시고 그들에게 복을 주시며 그들에게 생육하고 번성하고 충만할 뿐만 아니라, 정복하고 다스리라고 말씀해 주셨습니다. 그 말을 들은 사탄은 자신이 세상을 정복하고 경배받기를 원하였는데 그 권위를 가정에게 주는 것을 보고 가정을 공격해 들어옵니다. 그리고 그 가정에서 먼저 여자를 공격합니다. 여자가 남자의 돕는 배필이기 때문에 돕는 배필이 쓰러지게 되면 남편도 쓰러지고 부모가 쓰러지면 자녀들이 다 쓰러질 수밖에 없다는 것을 사탄이 알았던 것입니다.

저는 가정을 생명의 태라고 봅니다. 여자들에게 자궁이 있어서 자녀를 낳는 것처럼, 이 우주에서 가정은 우주의 자궁입니다. 가정은 생명의 태, 생명을 낳는 자궁입니다. 그러한 가정을 쓰러지게 하면 생육하는 것도, 번성하는 것도, 충만한 것도, 다스리고 정복하는 것도 다 수포로 돌아가게 됩니다. 그래서 사탄은 가정을 공격하였고, 가정의 메누하를 훔쳐가 버렸습니다.

이제 하나님은 가정이 메누하로 충만하기 위하여 원리를 가르쳐 주십니다. 그것은 주님을 바라보라는 것입니다. 온전하게 하시는 예수 그리스도를 바라보라고 하십니다. 위를 바라보고 하나님의 말씀을 듣고 예배를 드리는 가정은 어느 누구도 침범하지 못할 것이기 때문입니다.

디모데전서 5장에는 이런 말씀이 있습니다.

"만일 어떤 과부에게 자녀나 손자들이 있거든 그들로 먼저 자기 집에서 효를 행하여 부모에게 보답하기를 배우게 하라 이것이 하나님 앞에 받으실 만한 것이니라"(딤전 5:4).

하나님은 가정에서 효를 행하며 부모에게 감사하는 것을 배우는 것이 경건의 시작이라고 말씀하십니다. 무엇보다도 먼저 효를 가르치라고 말씀하십니다. 효가 무엇입니까? 효도는 위를 바라보는 윤리입니다. 짐승들 가운데 위를 바라보는 짐승은 없습니다. 사람만이 위를 바라보는 윤리를 가지고 있습니다. 그 효의 윤리, 위를 바라보는 윤리가 가정에서 가장 먼저 배워야 할 것이고, 그것을 하나님께서는 기뻐 받으신다고 하셨습니다.

효가 중요한 것은 위를 바라보는 윤리이기 때문입니다. 부모님을 바라볼 수 있는 사람은 또한 그보다 더 위에 계신 하나님을 바라볼 수가 있습니다. 예수님은 하나님의 뜻을 이루기 위하여 이 땅에 오셨다고 말씀하셨습니다. 효도 부모님의 뜻을 이 세상에서 나타내는 것입니다. 효가 윤리라고 한다면 위를 바라보는 믿음은 신앙적인 측면이라고 볼 수가 있습니다. 그리스도 안에서 부모님을 바라보는 자들은 분명히 그보다 더 위에 계시는 하나님을 바라볼 수 있게 될 것입니다. 유대인의 자녀교육이 성공하는 것은 쉐마교육 때문입니다. 위로부터 오는 수직적인 교육 때문입니다. 이것도 효라는 교육과 연결되는 것이라고 봅니다.

제6일에 창조된 가정, 이 가정이 진정한 생명의 태가 되기 위하여 제7일이 필요합니다. 제7일의 메뉴하가 가정마다 주어지지 않는다면 아마 모두가 카인의 가정처럼 될 것입니다. 그러나 땅으로부터 저주를 받아 유리하며 피해 다녀야 하는 카인의 가정이 아니라 평화의 노래를 부르며 사랑하며 화목하며 살아가는 가정이 되어야 합니다. 제7일이 제6일 동안 하나님의 사람으로, 하나님의 가정으로 살아가게 하는 힘을 공급해줍니다. 제7일이 없다면 부모님을 공경할 수도 없었을 것입니다. 제7일이 없었다면 거짓말을 하고 도적질을 하고 사기를 치고 음란한 생활을 했을 것입니다. 제7일이 가정에 임하는 가정, 이 가정이 승리하는 가정입니다. 저는 최근에 결혼한 한 가정에게 "아내의 의견도, 남편의 의견도 아닌 그리스도의 지혜와 의견으로 살아가라."고 조언을 준 적이 있습니다. 제7일의 언어, 제7일의 건강, 제7일의 쉼, 제7일의 평강이 6일을 더욱 풍성하고 아름답게 살아가게 할 것입니다. 단지 제6일만 있는 가정은 쉽게 깨어집니다. 그리고 문제가 많은 것은 그들에게 제7일이 주는 축복이 무엇인지 모르고, 제7일로부터 이길 수 있는 힘을 공급받지 못하였기 때문입니다.

여러분들은 제6일에 속한 가정입니까? 아니면 메누하로 완성된 제7일의 가정입니까? 여러분의 가정은 위를 바라보는 가정입니까? 아니면 공간을 바라보는 가정입니까? 여러분의 가정은 지옥을 맛보며 삽니까? 아니면 천국을 미리 맛보고 삽니까? 여러분의 가정은 일이 목적입니까? 아니면 안식이 목적입니까?

가정은 하나님 나라의 가장 작은 단위의 공동체이지만 영적

전쟁을 위해서는 가장 중요한 전초기지입니다. 이 전초기지가 제대로 서지 않으면 나가서 싸우는 가족들, 자녀들도 실패하여 포로가 되어버리고 말 것입니다. 전초기지는 밖에 나가서 싸우는 군인들이 승리할 수 있도록 든든히 서 있어야 합니다. 그러기 위하여 위를 바라보는 가정이 되어야 하며 제6일의 소성전에서 매일 기도와 말씀이 울려 퍼지는 날이 되어야 합니다. 제7일만 존재하는 것이 아니라 모든 7일이 성전이 되는 가정이 되어야 합니다. 그럴 때에 그 가정은 메누하를 누리고, 메누하로 완성을 보는 가정이 됩니다.

■ 여러분의 가정은 가정예배가 있는지요? 없다면 왜 그렇게 되었나요?

■ 여러분의 가정은 제7일의 축복을 누리고 있습니까?

■ 여러분들 가정에는 수직적인 쉐마교육이 있으신지요?

나는 안식(메누하)과 결혼하였다

제6일의 언어에서 제7일의 언어로

"나를 원망하는 이 악한 회중에게 내가 어느 때까지 참으랴 이스라엘 자손이 나를 향하여 원망하는 바 그 원망하는 말을 내가 들었노라 그들에게 이르기를 여호와의 말씀에 내 삶을 두고 맹세하노라 너희 말이 내 귀에 들린 대로 내가 너희에게 행하리니"(민 14:27, 28).

제7일은 거룩한 날, 거룩한 교제의 날입니다. 이 날은 언어까지 성별해야 하는 날입니다. 제7일의 언어가 제6일을 다스릴 수 있게 된다면 6일 동안 모두 승리합니다. 제7일의 언어는 하나님과 교제하고 하나님을 높여드리고 하나님을 찬양하며 경배하는 언어를 사용하게 됩니다. 제7일의 언어가 없는 사람은 결코 제6일 동안 승리할 수가 없습니다.

말을 정복하는 것처럼 어려운 것은 없습니다. 저도 말에서 실수를 하지 않으려고 부단한 노력을 했습니다. 그렇게 노력을 많이 했지만 번번이 나 자신에게 실망을 하곤 합니다. 기름부음이 없을 때, 저는 말의 실수로 언제나 수치심에 떨어야 하였습니다. "나는 결코 달라질 수가 없는 가 보다."라고 실망했습니다.

그러는 중에 제가 제7일의 기름부음 가운데 들어갔습니다. 안식의 남편과 결혼을 했습니다. 그러면서 말이 달라졌습니다. 그 말을 통하여 나 자신에 대해 더 이상 실망하지 않게 되었습니다. 저로부터 나오는 말은 기대할 수 없는 말들입니다. 남을 비평하고 남을 비하하고, 모든 이웃들의 약점들을 드러내고, 험담과 비밀을 전하는 것을 즐거워하였던 말들이었습니다. 그런데 저는 남편이 이러한 말들을 기뻐하시지 않는다는 것을 알았습니다. 그래서 의도적이지만 제7일의 언어로 바꾸기 시작하였습니다.

어려움이 있지만 입으로 그것에 대하여 투덜대거나 불평하지 않으려고 노력하였습니다. 또한 안 된다, 못 고칠 것이다, 이런 말들은 입에 담지 않게 되었습니다. 누구에게나 소망을 주는 격려의 말들을 하기를 원하였고, 안식의 남편이 기뻐하는 말들이 어떤 것인지 깨달아가기 시작하였습니다.

내가 들리는 대로 행하리라

성경에 보게 되면 광야에 나온 이스라엘 백성들이 크게 불평을 하고 있는데 그런데 그 불평을 주님께서 들었습니다. 그들은 아직 일어나지도 않은 일, 일어나지도 않을 일에 대하여 불평을 합니다.

"어찌하여 여호와가 우리를 그 땅으로 인도하여 칼에 쓰러지게 하려 하는가 우리 처자가 사로잡히리니 애굽으로 돌아가는 것이 낫지 아니하랴"(민 14:3).

어른들은 칼에 죽고 자녀나 처자들은 사로잡히게 된다는 것을 입으로 시인하고 있습니다. 그러자 하나님께서는 이 말을 들은 그대로 행하시겠다고 선포하셨습니다. 불평을 들으시면 그들의 불평이 모두 사실로 나타나게 하시겠다는 말씀입니다. 이 말씀은 깊은 뜻을 경고하고 있습니다. 입술의 열매를 먹고 산다는 것을 다시금 확증시켜준 말씀이기 때문입니다.

"너희의 시체는 광야에 엎드려질 것이요"(민 14:32)

저는 이 말씀을 통하여 하나님께서는 악인이 불평하는 것도, 의인이 감사하는 것도 다 듣고 기록하신다(말 3:16)는 것을 알게 되었고 우리가 입술의 열매를 먹고 산다는 것을 깨달았습니다.

그렇다면 제7일의 언어는 무엇입니까? 이 언어는 하나님의 언어이며, 그리스도의 언어입니다. 제7일의 언어는 영광과 거룩이 드러나는 언어들입니다. 이러한 언어들을 우리가 입을 열어 사용할 때, 우리들은 그 거룩한 말의 열매를 먹고 살게 될 것입니다.

"사람은 입에서 나오는 열매로 말미암아 배부르게 되나니 곧 그의 입술에서 나는 것으로 말미암아 만족하게 되느니라"
(잠 18:20).

생산적인 언어,
창조적인 언어,
진실하고 참된 언어,
위를 향해 경배하는 언어,
하나님께 감사하는 언어,
이웃에게 격려하며 힘을 주는 언어,

이러한 언어가 제7일의 언어입니다. 이러한 언어를 심을 때마다 향기롭고 아름다운 열매를 먹게 됩니다.

말은 씨앗입니다

말이 힘입니다. 말이 우리의 미래입니다. 어린아이들도 부모의 말에 따라서 미래가 결정됩니다. 험한 말들(너는 안 돼, 너는 소망 없어, 빌어먹을 자식, 미친 자식, 뒈질 놈 등)을 자녀들에게 함부로 심는 부모들이 많은데 어린아이의 인생에 뿌려진 그 말들이 자녀들의 인생을 파괴적으로 가게 만듭니다. 저는 욕이 저주라고 생각합니다. 사탄이 주는 저주라고 믿습니다. 그 저주를 자녀들에게 아무 뜻 없이 사용하는데 어떤 동기로 사용하였든지 간에 말은 말입니다. 그 말은 심어져서 열매를 맺게 됩니다.

어떤 부모가 자녀에게 항상 "너는 나가서 뒈져 죽어"라고 저주를 하였습니다. 그 아들이 길거리에서 정말 뒈져 죽었습니다. 제가 알고 있는 한 여성 부동산업자는 말끝마다 "정신 없어, 정신 없어"라고 말하였습니다. 그분으로부터 집을 구입한 저의 고등학교 후배는 그분을 만날 때마다 너무 정신이 없었다고 합니다. "내가 정신이 없어서, 그 서류가 어디 갔지, 내 정신 좀 봐, 큰 일 났어, 정신이 없어서"라고 사무실에서 정신없이 다니며 서류도 정신없이 찾더랍니다. 그래서 제가 그 말을 그만 사용하도록 하였습니다. 그러나 정신없다는 말을 항상 입에 담고 있었던 그분의 딸이 정신이상이 되었습니다. 그 여성은 알코올 중독자인 남편과 이혼을 했는데, 그 이후 아버지가 보고 싶은 그 딸이 아버지를 만날 수가 없게 되자 정신 이상이 되었습니다. 저는 그런 말을 더 이상 하지 말고, 감사와 찬양으로 바꾸라고 하였습니다. 기독교인이 정신이 없다면 누가 정신이 있겠습니까? 우리는 생각없이 뿌린 말의 열매가 얼마나 정확하게 돌아오는지 알아야 합니다.

우리가 믿는 하나님은 말씀의 하나님이십니다. 하나님이 말씀으로 명령을 하자 모든 물질이 생겨났습니다. 빛이 있으라 하시매 빛이 있게 되었습니다. 하나님의 말씀은 창조의 능력이 있는 말씀입니다. 우리도 하나님의 자녀로서 혀의 권세를 가지고 있습니다. 제가 어느 날 제 옆에 너무 빨리 지나가는 자동차를 보고 "저러다가 경찰에 걸리지"라고 말을 했었는데 얼마 못가서 보니 정말 그 차가 경찰에 걸려서 벌금 티켓을 받는 모습을 보았습니다. 어떤 말이든 말 자체는 씨(seed)이기 때문에 30배, 60배, 100배의 열매를 맺게 됩니다. 악한 말을 심어 100배의 열매가 맺힌다면 얼마나 무서운 일입니까? 하지만 참되고 선한 말을 하여 그 말이 100배의 열매를 맺는다고 한다면 그 말이 갖고 온 힘이 놀랍도록 클 것입니다.

저는 우리 아버님의 말씀의 열매입니다. 아버님은 언제나 저를 보고 이렇게 말씀하셨습니다. "한 여성이 너무 중요하다. 그 여성으로 인하여 자녀들이 위대한 사람이 될 수도 있고, 그 자녀들이 능력을 개발하지 못하고 끝나버릴 수도 있다. 한 가정의 여성이 변화되면 세상이 변화되는 것이다. 나는 너를 통하여 세상이 변화되는 꿈을 꾼다." 그때에는 이해하지 못하였는데 그 말씀이 100배의 열매로 나타나서 저의 미래를 이끌어가고 있습니다.

제7일의 언어는 하나님의 언어이며, 위로부터 오는 언어이며, 천국의 언어입니다. 여러분들이 만일 제7일의 언어를 선택하신다면 놀랍고 놀라운 열매를 먹게 될 것이며, 정복하고 다스리는 인생을 살게 될 것입니다.

말이 상처의 씨앗이 됩니다

말에 능력이 있기 때문에 다른 사람들에게 힘을 주기도 하고 상처를 주기도 합니다. 말에 능력이 있기 때문에 자녀들에게 힘을 주기도 하고 두려움을 주기도 합니다. 사탄은 거짓말쟁이의 아비로서 남을 협박하거나 유혹합니다. 사탄은 저주의 말을 사용하며, 거짓말을 사용합니다. 목회는 말씀사역입니다. 능력있는 말씀이 선포되지만 동시에 사탄의 거짓도 뿌려집니다.

이번 여름에 저는 땅을 갈고 거름을 주고 난 후에 작은 꽃나무 200여 그루를 심었습니다. 그리고 처음 심은 나무들이라 아침 저녁으로 물을 주었습니다. 꽃나무들이 쑥쑥 자라는 것이 보였습니다. 그런데 어느 날 나가보니 수도 셀 수 없는 잡초들이 함께 자라고 있었습니다. 깨알 같이 많은 잡초들이 보이기 시작하였는데 꽃나무가 자라는 것보다 더 빠른 속도로 잡초가 자라고 있었습니다. 저는 교회에도 마찬가지라고 생각합니다. 부흥회를 하고 말씀의 잔치를 하고 나면 똑같이 사탄도 잡초의 씨를 뿌리고 갑니다. 물이 있는 곳에는 꽃도 자라지만 잡초도 자랍니다. 심지도 않은 것이 어떻게 자라날까요? 꽃은 심지만 잡초들은 어디로부터 날라 들어옵니다. 저의 집 뒤는 황량한 광야라 잡초가 날라 들어오기에 너무 적합합니다. 다른 집들은 담을 잘 쌓아서 덜 들어오는데 우리는 철망으로 뚫려져 있어서 토끼도 들어오고 다람쥐도 들어오고, 그리고 잡초들의 씨앗도 너무 쉽게 날라 들어옵니다. 잡초는 아무 쓸데없는 것이지만 우리들의 수고를 필요로 합니다. 다시 땀을 흘리고 엉겅퀴를 제거해야하는 수고를 해야 합니다.

말의 세계도 마찬가지입니다. 꼭 필요한 말도 하지만 필요 없는 말도 합니다. 남을 세워주는 말도 하지만 일생을 그 말로 인하여 상처받게 할 수도 있습니다. "너 같은 것이 무엇을 알아" 하면서 무시를 당한다면 그 사람은 자신을 불가능한 존재로 생각할 것입니다. 저는 돌아가신 큰 언니가 "너는 엄마 닮아서 정원을 잘 가꿀 거야"라고 말한 격려 한 마디가 정원 가꾸는 데에 열심을 내도록 해 주었으며, 언니처럼 정원을 가꾸는데 은사가 있음을 알게 해 주었습니다.

저는 어렸을 때에 만화를 많이 그렸는데 저의 어머님은 "쓸데없이 만화만 그리고 있어"라고 말씀하시지 않고 "네가 원하면 만화가가 되도 좋다. 엄마는 무엇을 하든지 너의 재능대로 하도록 도와줄 거야"라고 말씀하셨습니다. 그 당시 만화는 교육적으로 좋지 않다는 생각들을 하고 있었지만, 어머님의 그 한 마디는 제가 마음껏 만화를 그리고 상상력을 펼치는데 도움을 주었습니다. 또한 제가 네 살이었을 때에, 옆집의 나팔꽃이 저의 집 쪽으로 와서 피어있는 것을 보았습니다. 저는 어머니에게 달려가서 "엄마, 옆집의 나팔꽃이 우리 집에 놀러왔어요"라고 말하자 어머님은 환하게 웃으시면서 "어머나, 우리 딸이 시인(詩人)이네, 어떻게 꽃이 놀러 왔다고 말할 수 있지? 너는 글을 쓰면 잘 쓰겠다."라고 말씀을 해 주셔서 중·고등학교 때부터 글 쓰는 일에 전념하였습니다. 그리고 한 때는 문학가가 되고 싶기도 하였습니다.

언어폭력

　요사이 가정 문제가운데 폭력은 가장 심각한 문제입니다. 보이지 않는 집 안에서 폭력행위를 할 때, 밖에서는 알 수가 없습니다. 저도 친구들 가운데 매 맞고 사는 친구들을 알고 있습니다. 그 친구는 저에게 말하기를 세상에서 제가 제일 부럽다는 것입니다. 그래서 왜 그러느냐고 물어보니까 "목사님은 아내를 패지는 않을 것 아니냐?"라고 말하는 것이었습니다. 그렇습니다. 힘으로 남을 누르고 비인격적인 폭력으로 한 사람의 인생을 비참하게 만드는 가정폭력도 무섭지만 힘을 휘두르지 않으면서도 혀로 남을 죽이는 경우들도 얼마나 무서운지 모릅니다.

　언어폭력처럼 무서운 것은 없습니다. 사탄은 언어를 통해서 남을 죽이고 남에게 상처를 주어서 평생 그 상처에 매여 살도록 합니다. 그 말 한마디가 인생을 파괴하는 경우도 있습니다. "너는 지지리도 못났어"라는 말 한마디가 평생 낮은 자화상을 갖고 살게 할 수도 있습니다. "너 같은 것이 무엇을 할 수 있다고 생각해"하면서 남을 폄하하는 말도 그 사람의 인생에 깊은 상처로 남게 되는 것입니다. "그것을 눈이라고 달고 다녀?"라고 말하는 분도 있는데 그런 말을 들은 사람은 평생을 눈에 대한 열등의식을 갖고 살게 됩니다. 사진을 찍을 때에도 "그게 눈을 뜬 것이냐?"라고 은근히 외모에 대하여 상처를 줄 때도 있습니다.

말에는 힘이 있습니다. 제7일의 언어는 세워줍니다. 제7일의 언어는 감사하는 말을 합니다. 제7일의 언어는 폭력을 쓰지 않습니다. 제7일의 언어는 예배의 언어입니다. 위를 바라보는 언어입니다. 그 말에 기름부음을 받은 언어입니다. 그 말 가운데에도 힘이 있고, 능력이 있고 생명이 넘칩니다. 또한 그 말에서 창조의 역사가 일어납니다. 제7일의 언어는 하나님이 영광 받으시는 언어입니다. 그분의 영광, 지혜, 능력을 높여드리는 언어입니다. 공간을 확장하기 위한 언어가 아니라 그분만을 높여드리는 언어입니다. 이러한 제7일의 언어가 다른 6일을 지배할 때에, 그 집에는 놀라운 창조의 역사가 일어날 것입니다. 우리는 제7일의 언어로 치유기도를 합니다. "예수 그리스도의 이름으로 명하노니 너는 일어나 걸을지어다."라고 기도할 때, 그 사람은 걷고 뜁니다. 제7일의 언어는 하나님의 언어이며 하늘에 속한 언어이며, 천사들의 언어입니다. 그 언어에서 묻어나오는 평강과 기쁨이 다른 이들에게 생명을 전해주며, 절망의 늪에 있는 자들에게 생명의 밧줄이 되기도 합니다.

말은 훈련이 필요합니다

저는 제7일의 언어가 단순히 기름부음을 받는 것만으로 된다고 생각하지 않습니다. 부단히 우리가 훈련을 받아야 할 부분입니다. 혀를 다스린다는 것처럼 힘든 것은 없습니다. 혀를 다스리는 자는 성을 탈취하는 것보다 더 강한 자입니다. 영적인 훈련, 경건의 훈련을 하면서 제7일의 언어로 들어가야 합니다.

"이와 같이 혀도 작은 지체로되 큰 것을 자랑하도다 보라 얼마나 작은 불이 얼마나 많은 나무를 태우는가 혀는 곧 불이요 불의의 세계라"(약 3:5,6).

"혀는 능히 길들일 사람이 없나니 쉬지 아니하는 악이요 죽이는 독이 가득한 것이라"(약 3:8).

저는 이러한 언어가 우리의 일상의 언어가 되기 위하여 말씀을 소리 내어 읽기를 권합니다. 성경의 언어가 우리의 언어가 될 때, 제7일의 언어로 살게 됩니다. 바다와 산, 그리고 돌들도 하나님의 영광을 드러내며 제7일의 언어로 찬양합니다. 온 우주만물이 주님을 찬송합니다. 6일 동안 세상에 살지만 세상에서 쓰는 그러한 언어가 아닌 천국의 언어로 하나님께 영광을 올려드려야 합니다. 제7일의 말이 살리는 힘이 있으며, 세상을 재창조하는 능력이 됩니다.

■ 여러분들이 사용하는 언어는 제7일의 언어입니까? 아니면 제6일의 언어입니까?

■ 제6일의 언어로 인하여 여러분들의 삶이 파괴적이 된 적이 있는지요? 아니면 여러분 마음에 박힌 말 가운데 가장 상처가 되는 말은 어떤 것이었는지요?

나는 안식(메누하)과 결혼하였다

제6일의 시간에서
하루가 천 년 같이 천 년이 하루같이

"사랑하는 자들아 주께는 하루가 천 년 같고 천 년이 하루 같다는 이 한 가지를 잊지 말라 주의 약속은 어떤 이들이 더디다고 생각하는 것 같이 더딘 것이 아니라 오직 주께서는 너희를 대하여 오래 참으사 아무도 멸망하지 아니하고 다 회개하기에 이르기를 원하시느니라"(벧후 3:8,9).

하나님은 7월을 마치고 8월이 되었을 때에 "내가 너에게 하루가 천 년 같고 천 년이 하루 같은 8월이 되게 하겠다."라고 말씀해주셨습니다. 평소에 제가 이해하고 있던 이 말씀은 하나님의 나라의 시간이 영원 가운데 있어서 이렇게 표현한 것으로 이해하였습니다. 그런데 이번에는 메누하의 시간의 개념으로 이해하게 하셨습니다. 6일 동안의 시간이 아닌 제7일의 시간의 개념으로 이해하게 하셨습니다.

하루가 천 년 같이

8월에 끝내야 할 일들이 많았습니다. 이것이 항상 부담이 되어 스트레스가운데 살았습니다. 그런데 하나님께서 하루를 천 년 같이 살게 해 주시겠다고 하셨습니다. 하루를 천 년 같이 살게 해 주시겠다고 하니까 8월 한 달이 3만 년 같이 살 수 있게 되었습니다. 하루가 천 년 같으면 30일 한 달은 3만 년이 됩니다. 이 말씀을 이런 의미로 이해하고 나니 8월 한 달이 영원처럼 느껴졌습니다. 가도 가도 시간이 안 갈 것 같은 영원처럼 느껴졌습니다. 마치 시간이 없는 것처럼, 갑자기 달려가던 시간이 멈춘 것처럼 느껴졌습니다. 갑자기 드라마 화면이 느린 화면으로 바뀌어서 좀처럼 다음 장면으로 넘어가지 않는 것 같았습니다.

그러면서 참으로 자유하고 안정할 수가 있었습니다. 30,000년 동안 제가 못할 일이 무엇이 있겠습니까? 놀고 또 놀고 무엇을 해도 충분히 할 수 있는 시간이었습니다. 놀아도 놀아도 끝이 없는 시간입니다. 그 영원을 채우기 위해 놀게 될 때, 그 노는 것이 아마 지루할 정도로 노는 것이 될 것입니다. 하지만 요사이, 일, 일, 일…. 그 일이 온통 모든 이들을 사로잡고 마음의 여유를 빼앗아 가고 있을 때에 30,000년이라는 시간은 셀 수 없는 시간입니다.

또한 3만 년 동안 하나님이 일으키실 수 억 개의 기적을 바라보게 되었습니다. 하루하루 순간순간 기적을 베푸시는 주님께서 3만 년 동안에는 얼마나 많은 기적을 베푸실까요? 이것은 천문학적인 숫자의 기적입니다. 하나님께서 무엇인들 못하시겠습니까?

3만 년 동안…!!

그래서 이제 충분히 놀고 쉬고 하여도 할 일을 충분히 할 수 있는 시간이 주어졌다는 것을 깨달았고 또한 천문학적으로 그 많은 기적들을 제가 눈으로 볼 수 있다는 기쁨이 넘쳤습니다.

그런데 하나를 더 깨닫게 해 주셨습니다. 이것이 누구에게나 그런 것이 아니고 메누하에 있는 사람들만이 누리는 시간이라는 것입니다. 메누하에 들어간 사람들, 제7일의 하나님의 쉼 가운데 들어가는 사람은 하루가 천 년 같고 한 달이 3만 년 같습니다. 천문학적인 긴 시간, 큰 시간을 누릴 수가 있습니다. 이것이 메누하의 신비이고 축복입니다. 메누하 시간의 역설적인 진리입니다. 메누하가 있는 곳에는 하루가 천 년 같습니다.

천 년이 하루같이

"또 천 년이 하루 같다."라는 말씀도 메누하의 시간 속에서 깨닫게 해 주셨습니다. 인생은 괴롭기도 하고 핍박가운데 한 순간이 몇 시간처럼 느껴지기도 합니다. 메누하에 있는 사람들은 괴로운 인생길도 천 년이 하루처럼 짧게 느끼며 삽니다. 그 길고 긴 시간이 하루처럼 느껴집니다. 사랑하는 이들에게는 긴 시간이 마치 하루같이 짧습니다. 사랑하는 사람과 있으면 하루가 한 시간 같습니다. 힘들고 괴로운 인생길에도 메누하가 있으면 이렇게 긴 시간이 짧게만 느껴집니다.

또한 하나님은 천 년이라도 기다리실 수가 있습니다. 사랑하기 때문에 천 년을 하루처럼 기다려 주십니다. 우리가 죄악으로부터 돌아오기를 기다리고 변화되기를 기다리십니다. 메누하가 있는 곳에는 몇 년이라도 하루같이 느끼며 살 수가 있습니다. 사랑하는 사람과 있으면 시간가는 줄 모릅니다. 메누하의 사랑이 있는 곳에는 이렇게 천문학적인 시간이 하루처럼 느껴집니다. 아마 야곱도 아내를 얻기 위하여 일한 7년이 하루 같았을 것입니다. 사랑하는 아내로 인하여 그 긴 시간이 하루처럼 행복했습니다. 메누하의 시간의 개념은 바로 이런 것입니다. 긴 것이 길게 느껴지지 않고 짧은 것이 급하게 느껴지지 않습니다.

이것이 주님 안에 있는 시간,
메누하 안에 있는 시간의 개념입니다.
메누하가 주는 능동적 안식의 시간입니다.
일하면서 쉬고 쉬면서도 쉬는 그러한 신비한 시간입니다.

이러한 시간의 개념은 하나님께서 메누하를 깨닫게 해 주시면서 저에게 주신 선물이었습니다. 하루가 천 년 같이 사는 비결, 그래서 8월 한 달을 3만 년처럼 살 수 있는 비결, 그래서 급할 것도 없이 쉬고 놀고 즐기고 여유 있게 살아갈 수 있는 비결, 그 비결을 선물로 주셨습니다.

짧은 것을 길게 충분하게 느끼며 사는 것도,
긴 것을 짧게 느끼며 사는 것도,
모두 메누하 안에서만 얻을 수 있으며 메누하 안에 들어오지 않는 사람은 결코 깨달을 수 없는 신비입니다

그렇다면 이것을 어떻게 적용할까요?

화요 메누하 집회를 할 때였습니다. 주제는 메누하(쉼)와 시간의 지성소에 대한 것이었습니다. 저는 안식에 대하여 설명하면서 안식은 우리가 일하기 위하여 부차적으로 갖는 수단이 아니라, 우리 인생의 목적이고, 하나님의 구원은 우리에게 궁극적으

로 주님 품 안에서 안식을 주기 위함이었다고 설명했습니다. 우리는 일하기 위하여 쉬는 것이 아니라 쉬기 위하여 일하는 것입니다. 그리고 그 쉼은 어느 시간만 특정하게 쉬는 것이 아니라 일하면서도 쉬고 쉬면서도 쉬고, 우리 인생 전체를 지배하는, 그러한 쉼인 것입니다.

그리고 우리는 계산을 해 보았습니다. 하루가 천 년이면 한 시간은 얼마인가? 계산기가 없으므로 우리는 40년 정도가 될 것이라고 계산을 해 내었습니다.

한 시간에 40년을 사는 신비,

그래서 말씀을 나눈 후에 우리는 식당에 가서 교제를 나누었습니다. 한 시간의 식사는 곧 40년을 누리는 식사였습니다. 마음의 여유를 갖고 급히 쫓겨 가는 식사가 아니라 40년을 광야에서 만나를 먹는 것처럼 잘 먹고 깊은 대화를 나누었습니다. 만일 몸은 그곳에 있지만 쫓겨 다니는 인생이라고 한다면 그 교제는 진정한 교제, 깊이 있는 교제가 아니었을 것입니다. 그러나 몸과 마음이 40년과 같은 여유와 질을 갖고 교제를 가질 수 있다면 정말 그 교제는 질적으로(전적으로) 다른 교제가 될 것입니다.

그리고 그동안 몸과 마음이 상처를 받은 분이 오셔서 몇 년간 힘들었느냐고 물었더니 20여 년 간 힘들었다고 말했습니다. 그래서 천 년이 하루 같으면 20년은 얼마이겠느냐고 질문하고 계산을 해 보았습니다. 역시 계산기가 없었으므로 1시간이 40년이라고 한다면 20년은 30분 정도라고 적당히 계산을 하고 30분을 우리가 못 견디겠느냐고 말해 주며 위로를 하고 지나갔습니다.

'천 년이 하루 같고 하루가 천 년 같다.' 라는 시간은 주님의 날의 시간입니다. 사실 주님은 시간 속에 없고 영원 속에 삽니다. 영원에서는 시간을 계산할 수 없습니다. '하루가 천 년 같고 천 년이 하루 같다.' 라는 말의 실제 의미도 시간을 계산할 수 없는 영원의 시간이라는 뜻입니다.

그리고 보니 우리 인생은 영원 가운데 하루에 지나지 않는 날일 수도 있습니다. 영원은 시작도 없고 끝도 없어서 인생 90년, 하늘에서는 마치 하루 같기도 하고 아니면 순간 같기도 할 것입니다.

영원을 바라보며 살 때,
우리 인생이 얼마나 위로가 되는 지요?
고통도 순간적으로, 핍박도 순간적으로 지나가기 때문입니다.

그래서 오늘도 시편 73편의 말씀을 묵상하며 감사를 합니다.

"주여, 사람이 깬 후에는 꿈을 무시함 같이 주께서 깨신 후에는 그들의 형상을 멸시하리이다"(20절).

영원 속에서는
꿈과 같은 인생,
순간적인 인생,

이 시간을 주님의 시간, 영원 안에서 사는 의미로 깨닫고 꿈속에서도 깨어나서도 여전히 주님 안에서 메누하를 누리고 승리하게 된다면 얼마나 큰 축복일까요?

오늘도 1,000년을 사실 여러분들,
저에게도 마치 타임머신이 멈추어버린 것 같이 느껴지는데,
시간이 거북이같이 느리게 가는 느낌이 있는데,
여러분들도 그렇게 되기를 기도합니다.

그래서 "바빠, 바빠"하시지 말고 아주 천천히 주님을 대면하며 여유 있게 하루를 즐기시기를 기도합니다.

아브라함 헤셀의 말처럼, 인생이 얼마나 많이 공간을 확장했

느냐가 중요한 것이 아니라 얼마나 우리가 주님과 많이, 깊이 대면했느냐가 중요하다는 말을 기억합시다. 주님을 대면할 때, 영원을 대면할 때, 하루가 1,000년이 되는, 하루를 시간으로 계산할 수 없는 날, 주님의 날이 될 것입니다.

■ 천 년이 하루같이 느껴지는 경험을 해 보셨는지요? 그때가 어느때 였습니까?

■ 하루가 천 년같이 느껴져서 정말 시간이 안 흐른다고 느껴진 적은 없었는지요?

나는 안식(메누하)과 결혼하였다

제6일에 정복당한 자들의 마지막

"또 말하되 자, 성읍과 탑을 건설하여 그 탑 꼭대기를 하늘에 닿게 하여 우리 이름을 내고 온 지면에 흩어짐을 면하자 하였더니"(창11:4)

○ 가지기에 좋았더라

하나님은 6일 동안 하나님의 열심으로 세상을 창조하셨습니다. 그리고 "보시기에 좋았다."라고 말씀하셨습니다.

"낮과 밤을 주관하게 하시고 빛과 어둠을 나뉘게 하시니 보시기에 좋았더라"(창1:18).

7. 제6일에 정복당한 자들의 마지막　115

"하나님이 지으신 그 모든 것을 보시니 보시기에 심히 좋았더라 저녁이 되고 아침이 되니 이는 여섯째 날이니라"(창1:31).

하나님은 볼 수 있는 것을 창조하시고 보시기에 좋았더라고 말씀하십니다. 하나님의 열심으로 열심히 보이는 것을 창조하시고 난 후, 주님이 보시기에도 너무 아름답고 좋았던 것입니다.

"하나님이 그가 하시던 일을 일곱째 날에 마치시니 그가 하시던 모든 일을 그치고 일곱째 날에 안식하시니라"(창2:2).

하나님은 하시던 일을 여섯째 날에 마치신 것이 아니라 일곱째 날에 마치셨습니다. 그리고 그날에 안식하셨습니다. 하나님은 일곱째 날에 일을 마치시고 보시기에 좋았더라는 말씀을 하시지 않습니다. 왜냐하면 그날은 보이는 것을 창조한 것이 아니라 보이지 않는 것을 창조하셨기 때문입니다. 그날은 시간의 지성소에서 누리는 안식을 창조하신 날이기 때문입니다. 아니면 하나님은 영원 속에 계시는 분이시므로 그날 영원한 안식을 하늘 보좌로부터 가지고 오신 날인지도 모릅니다.

시간은 보이지 않습니다. 첫째 날부터 여섯째 날까지는 공간을 창조하시고 제7일째 되는 날에는 더 이상 공간을 확장하지 않으셨습니다. 그분은 쉼을 창조하시고 그 안에 안식하셨습니다. 그리고 공간을 만든 여섯째 날까지는 끝났다는 말이 있지만 보이지 않는 것을 창조하셨을 때에는 그것이 끝났다는 말이 없었습니다.

보이지 않는 것과 보이는 것,
실상, 보이지 않는 것이 더 중요하고 영원할 수가 있습니다.

그러나 많은 인생들이 보이는 것들을 확장하기 위하여 땀을 흘리고 어느 때는 전쟁을 하고 피를 흘리기도 하면서 남의 것을 빼앗아 옵니다.

삭개오의 인생도 보는 것에 연연하였습니다. 보이는 것을 확장하기 위하여 더 많은 사기도 치고, 더 많이 가난한 사람들을 울리기도 하였습니다. 그러나 주님을 만나고 난 후에 삭개오의 인생이 달라집니다. 보이지 않는 것, 영원한 것을 삶에서 실천합니다. 하나님을 사랑하고 이웃을 사랑하는 최고의 황금률에 따라 살아갈 수 있게 되었습니다.

사랑은 보이지 않습니다. 구제도 보이지 않습니다. 그러나 그 열매는 보입니다. 삭개오는 제6일 동안에 공간에 속한 사람이었으나 주님을 만나고 기원전과 기원후가 달라지는 것처럼 인생이 달라집니다.

의에 주리고 목마른 자가 되었는데, 그 의(義)는 거룩한 그리스도를 의미합니다. 하나님 앞에서 절대적인 의로 주장하실 분은 그리스도 한 분 뿐이 없기 때문입니다. 이제 삭개오는 보이는 공간에 주리는 자가 된 것이 아니라 영원에 주리고 목마른 자가 됩니다. 그리스도에 주리고 목마른 자가 됩니다. 그리고 그리스도를 위하여 핍박을 받을 수 있는 복된 사람이 됩니다.

제7일, 안식일의 주인이신 주님과 결혼한 사람들에게는 공간이 보기에 좋은 것이 아니라 주님과의 교제가 더 거룩하고 귀한 것입니다. 공간을 확장하는 것이 귀한 것이 아니라 더 깊은 시간의 지성소에서의 주님과의 만남, 이것이 제7일에 속한 사람들이 보기에 좋은 이유입니다. 보기에 좋은 공간은 없어져도 보이지 않는 시간은 영원과 연결이 되어 없어지지 않습니다. 그 시간에서 주님과 대면하는 삶, 이것이 제7일에 속한 사람들의 축복입니다.

그러나 제6일 동안에 살면서 제7일이 없는 사람은 하나님이 만드신 모든 것을 "가지기에 좋았더라."로 바꾸면서 무엇인가를 소유하고 가지려는 인생을 추구합니다. 부자 청년이 무엇을 하여야 영생을 얻으리이까?(눅18:18) 라고 질문한 것도 영생까지도 부자 청년은 소유의 대상으로 여겼습니다. 영원한 것 까지도 자신이 소유하려고 하였던 것입니다. 그러나 예수님은 오히려 그가 이미 가지고 있는 소유까지를 포기할 때, 그 부자 청년에게 소망이 있음을 깨닫게 합니다.

6일에 속한 사람들은 공간을 확장하고 공간을 자기의 것으로 만들기에 연연합니다. 하나님은 공간의 아름다움을 하나님의 작품으로 보시기에 좋았더라고 말씀하셨는데 사람들은 이 공간을 자기의 것으로 소유하려고 급급해하기 시작하였습니다. 더 큰 땅, 더 큰 집, 더 큰 공간을 가진 자들이 정복하게 되었던 것입니다. 자신들이 살아남고, 대우를 받기 위하여 가지기에 급급한 전쟁에 들어갑니다. 그러나 제6일 동안에 속한 사람들은 그 공간을 소유하여도 자신의 영혼이 결코 새로워지지 않으며 만족할 수 없다는 것을 모릅니다. 가지면 가질수록 더 목마르고 공허하다는 것을 모릅니다. 더 가지면 더 가져야 한다는 것을 모릅니다. 가지는 것에 끝이 없다는 것을 모릅니다. 그래서 소유하기 위하여 온 인생을 허비해 버리는 실패자가 됨을 모릅니다.

율법의 안식일

저는 『나는 안식과 결혼하였다』라는 이 책에서 계속 제7일을 말씀드리고 있습니다. 잘못 이해하면 안식일교가 아닌가 오해받을 수도 있을 것 같아서 이해를 돕도록 다시 부언합니다.

구약의 안식일은 제7일에 완전히 쉬도록 하는 안식일입니다. 부엌에 불을 켜도 안 되고 그날은 일을 해도 안 됩니다. 그러면서 바리새인들은 안식일에 지켜야 할 법들을 수백 개를 다시 첨가하였습니다. 율법의 안식일에는 지키는 것은 있지만 진정한 안식은 없습니다. 왜냐하면 안식일의 주인이신 예수 그리스도가 없기 때문입니다.

그러나 복음의 제7일은 주님과 교제하는 날입니다. 단순히 일로부터 퇴거명령을 받은 날이 아니라 생명을 살리는 일, 거룩한 교제를 하는 것, 주님과 아주 친밀한 만남을 가지는 것입니다. 또한 소극적인 일로부터의 퇴거가 아니라 보다 적극적인 사랑의 만남이 있는 날입니다.

이 날은 지키는 날이 아니라
교제하는 날이며,
주님의 임재 안으로 들어가는 날이며,
죄씻음을 받고 구원받은 것을 축하하는 날이며,
그리스도께서 죽음에서 이기시고 부활하신 날이며,
생명을 나누어 주는 날,
생명에 들어가는 날입니다.

그래서 저는 율법의 안식일과 복음의 안식일을 구분하고 싶습니다. 율법의 안식일에 주님이 계시지 않는 한, 그날은 진정한 안식일이 될 수 없습니다. 안식의 주인이신 그리스도께서 율법을 완성하지 않는 한, 진정한 안식은 있을 수 없기 때문입니다. 또 다른 안식일의 법에 매이는 날이 아니라, 자유와 기쁨, 축제로 들어가는 날이 복음의 안식일입니다. 주님은 율법을 폐지하려고 오신 것이 아니라 율법을 완성하러 오셨습니다.

율법에 없는 것,
그것은 용서와 사랑입니다.

주님이 구원을 완성하셔서 우리가 축하하는 날, 부활의 아침이 우리가 예배드리는 주일, 복음의 안식일인 것입니다. 그날은 공간에서 열심히 6일 동안 일을 하고 나서 제7일에 그리스도 안으로 들어가서 영원한 쉼을 누리는 날입니다.

그리고 주님의 거룩, 기쁨, 자유, 평강을 임파테이션 받는 날입니다. 그래서 제6일을 정복하고 다스리면서 살 수 있는 힘을 공급받는 날입니다.

복음의 안식일!! 이것이 우리 안에 없는 한, 우리는 제6일을 공간에 지배당하고 살게 될 것이며, 세상의 가치를 따라 살게 될 것입니다. 그래서 안식일을 복음의 안식일로 완성하신 주님을 찬양합니다.

　제7일이 있다고 하여도 이 날이 율법적 안식일이라고 한다면 그 인생은 구원을 누리지 못합니다. 바리새인이나 서기관들이 그렇게 살다가 구원받지 못하였습니다. 그들은 성경을 알았고, 암송하였고, 그리고 그대로 지켰습니다. 하지만 지키다가 한 가지만이라도 범하면 모든 율법을 범하게 된다는 것이 율법적 안식일의 한계라는 것을 몰랐습니다. 그리고 제7일의 안식을 율법적으로 지키는 자의 최후는 정죄라는 것도 몰랐습니다.

제6일의 열심은 거짓열심!!!

　"내가 하나님의 열심으로 너희를 위하여 열심을 내노니 내가 너희를 정결한 처녀로 한 남편인 그리스도께 드리려고 중매함이로다" (고후11:2,3).

　제가 브라이드(Bride) 사역을 시작할 때에 핵심성경말씀이 바로 이 말씀이었습니다. 하나님께서 "너는 교재를 들고 나가서 그리스도를 위한 신부들을 말씀으로 중매를 서라"고 하셨습니다. 저는 성서연구교재를 만들어 말씀으로 신부들을 주님께로 인도하는데 열심을 내었습니다.

그런데 바울의 말씀을 읽으면서 지금까지 제가 내 열심으로 한 것이 아니었는지 다시 돌아보게 되었습니다. 사도 바울은 하나님의 열심으로 중매를 섰다고 하는데 요사이 그 하나님의 열심이 어떤 것인지를 생각해 보게 되었습니다.

마침, 『나는 안식과 결혼하였다』라는 책을 쓰면서 하나님의 열심을 다시 발견하게 되었습니다. 그것은 하나님이 6일간 열심히 하나님의 열심으로 세상을 창조하셨다는 사실을 발견한 것입니다. 하나님은 세상을 창조하시고 보시기에 좋았다고 말씀하셨습니다. 6일 동안 얼마나 열심히 일하셨는지 모릅니다. 6일 동안에 온 우주를 창조하시려는 그 열심, 하나님이 아니시라면 그 어느 누구도 불가능한 일이었습니다.

그런데 그 하나님의 열심이 무엇을 위한 열심이었습니까? 그것은 제7일을 위한 열심이셨습니다. 제7일을 복주시고 그 안에서 안식하기 위한 열심이셨습니다. 우리는 일하기 위하여 쉬지만 하나님은 쉬기 위하여 일하셨습니다. 그리고 그 쉼 가운데에서 우리들과 거룩한 교제를 나누시기를 원하셨던 것입니다.

하나님의 강조점은 제7일에 있습니다. 그때 쉬시기 위함이었고, 우리들과의 만남을 위한 것이었습니다. 그리고 제6일 동안은 아침이 되고 저녁이 되었지만 제7일은 끝났다는 말이 없습니다. 그래서 제6일의 열심은 영원한 쉼을 위한 열심이었습니다. 하나님께서 일을 하시는 데는 6일을 투자하셨지만, 쉬는 데는 영원을 투자하셨습니다. 우리와 만나며 거룩한 교제를 누리는 그 기쁨을 끝내기를 원하시지 않았습니다. 영원가운데 우리를 독점하기를 원하셨습니다. 끝나지 않는 만남, 끝나지 않는 대화를 계속하기를 원하셨습니다.

사도 바울도 마찬가지입니다. 그는 하나님의 열심으로 그리스도와 신부의 만남을 위한 중매에 헌신하였습니다. 하나님의 열심이라는 말이 사도 바울이 사용하였을 때에는, 생명을 내어놓는 열심이었습니다. 사는 것도, 죽는 것도 그리스도이기 때문에, 그의 열심은 하나님께서 6일 동안 세상을 창조하는 열심, 생명을 내어놓고 하나님께 올인하는 열심이었습니다. 그런데 그 열심도 예수 그리스도와 신부와의 만남을 위한 열심이었습니다. 우리들은 너무 열심히 일을 하다가 인간관계는 소원해지는 것을 보는데 주님의 열심, 사도 바울의 열심, 이 모두가 만남, 관계를 위한 것이었다는데 우리의 관심을 쏟아야 할 것입니다.

저는 이 말씀들을 묵상하면서 지금까지 내 열심으로 살아온 것을 회개하였습니다. 내 욕심, 내 계획, 나의 소유, 나의 것들의 확장, 이러한 것을 목적으로 열심을 내었던 것을 회개하였습니다. 아무도 따라오지 못하는 열심이었습니다. 열심히 부흥회를 인도하였고, 열심히 책을 저술하였고, 열심히 책을 번역하였고, 열심히 목회자들을 위한 영성훈련교재를 만들었습니다. 그리고 밖에 드러나는 명목은 주님을 위한 것이라는 명목, 위장된 명목이었습니다. 하지만 기름부음이 임하면서 저는 과거의 열심이 나 자신을 위한 열심, 나를 알리기 위한 열심, 내가 보존되기 위한 열심이었다는 것을 깨달았습니다. 거짓 열심이었다는 것을 깨달았습니다. 이것이 바로 6일 동안 공간을 확장하려는 자들의 열심인 것입니다. 나중에 제가 발견한 것은 하나님을 위한 열매는 결코 없었고, 나의 영혼은 매우 공허하였다는 사실이었습니다.

그래서 열매가 없었던 것입니다.
그래서 하나님을 기쁘시게 하지 못하였던 것입니다.
그래서 마음의 평안이 없었던 것입니다.
그래서 진정한 주님과의 만남은 없었던 것입니다.
일을 하신 6일보다 만남을 위한 시간을 영원으로 연장하신 주님과의 대면이 그래서 없었던 것입니다.

그러나 성경을 보게 되면 우리가 위로를 받는 부분이 있습니다. 바로 사도 바울도 잘못된 열심으로 잘 믿는 그리스도인들을 핍박하였던 적이 있습니다. 그러므로 열심이 중요한 것이 아니라 무엇을 위한 열심인가가 중요합니다. 하나님을 기쁘시게 하는 열심인지, 자기의 욕심을 채우기 위한 열심인지 구분해야 합니다.

사도 바울은 좋은 일에 열심을 가지라고 부탁합니다.

"좋은 일에 대하여 열심으로 사모함을 받음은 내가 너희를 대하였을 때뿐 아니라 언제든지 좋으니라"(갈4:18).

잘못된 열심이 얼마나 큰 열심인지, 우리들은 다 경험을 해 보았습니다. 이단들도 얼마나 뜨겁게 열심히 일하는지 모릅니다. 그러나 그 열심의 마지막이 무엇인지도 알아야 합니다. 나를 위한 열심은 열매도 없고, 평강도 없고, 하나님이 기뻐하시지도 않을 뿐만 아니라, 영원한 목마름으로 인하여 인생을 파괴하게 합니다. 그러므로 하나님의 열심으로 들어가지 않는 한, 우리의 인생은 바벨탑을 쌓다가 흩어지는 인생이 됩니다.

제6일의 가치가 교회를 스며들다

제7일은 영원을 배우며, 하나님의 인격을 닮으며, 하나님의 목적을 배우는 날입니다. 시간 속에서 그러한 인생의 목적을 배우는 날입니다. 그리고 영원한 가치를 배우면서 제6일을 정복하고 다스리라고 말씀하셨습니다. 제7일에서 얻은 힘으로 제6일을 다스리고 정복하도록 우리는 초청을 받은 것입니다. 그런데 제6일에 속한 가치가 오히려 제7일을 파괴하고 있습니다. 세상의 공간적인 가치가 교회로 흘러들어오고 있습니다.

이제 교회의 가치는 더 이상 세상을 변화시킬 힘이 없습니다. 그것은 교회 안에 제6일의 가치가 범람하기 때문입니다. 신앙생활을 다르게 사는 것임에도 불구하고 교회는 세상의 가치를 끌어 들여서 더 큰 것, 더 많은 것이 가치라는 것을 가르치고 있습니다.

그래서 목회자들도 학위가 있어야 하고, 더 공부를 많이 해야 하고, 사회적으로 뛰어난 분이면 더 좋다고 평신도들은 생각합니다. 제6일의 가치가 교회에 스며들어 온 것입니다. 목회자들은 그러한 가치에 부응하기 위하여 가짜 박사 학위를 돈을 주고 사오는 경우들이 너무나 많습니다. 남들이 5-7년 헌신하며 연마하는 학문을 돈을 주고 사옵니다. 가짜 학위를 사옵니다. 그러면 교회에서 큰 잔치를 베풀고 학위 찬하 예배를 가집니다. 하나님께서 보신다면 그것처럼 희극은 없을 것입니다. 다른 거짓말들도 하나님 앞에 너무 죄송한 것이지만 학위를 속여서 큰 교회의 목사가 되려고 하는 큰 교회 신드롬은 더욱 큰 죄를 하나님 앞에 범하는 것입니다.

큰 성전, 많은 교인들, 엄청난 헌금들, 이것이 교회의 가치를 결정하고 있다는 것이 제6일의 가치가 교회로 흘러들어온 결과입니다. 이제 교회가 세상을 변화시키는 것이 아니라, 교회가 사회를 따라가고 있습니다. 교회가 빛과 소금의 역할을 하는 것이 아니라, 세상의 가치에 노예가 되어 질질 끌려가고 있습니다. 그래서 교회에 더 이상 소망이 없는 지도 모릅니다.

하나님은 이러한 교회에서 분명히 촛대를 옮기실 것입니다. 하나님은 만홀히 여김을 받는 분이 아니십니다. 더 큰 교회, 더 큰 명예, 더 큰 자리, 여기에 연연하여 하나님을 이용하는 것은 가치가 아닙니다. 더 빨리, 더 크게, 교회가 성장하여 자신의 위치를 확고하게 만들고 싶은 제6일의 가치가, 젊은 목회자들까지 유혹에 빠지게 합니다.

이것은 작은 교회 목회자들에게도 침투해 들어가 있습니다. 작은 교회들을 어떻게 부흥시킬 것인지에 대하여는 관심이 없고 정치적으로 줄을 잘 서서 이미 잘 성장하고 있는 교회로 이동하는 것에만 관심이 있습니다. 그래서 위에 있는 분들에게 아부하고, 잘 보여서 중요한 시기에 더 큰 위치로 이동하기를 꿈꾸고 있습니다. 목회자들이 이렇게 정치적으로 움직이고 있을 때에 교인들은 목마르고 갈급하고 황량한 상태로 전락합니다. 또한 이런 교회들은 기름부음이 충만한 교회로 교인들이 이동하게 되면 저주를 받는 다고 거침없이 말을 하고, 기름부음 집회는 이단이라고 정죄를 하기도 합니다.

교회 안에서 또 다른 바벨탑을 쌓고 있으면서도 그것이 하나님을 위한 일이라고 생각하고 있으며, 갈등과 투쟁을 들고 사회 법정으로 나가면서도 모두가 자신은 하나님을 위하여 그런 일을 하고 있다고 생각합니다. 그러니 하나님께서도 갈등이 생기지 않을 수 없을 것입니다. 화평과 하나 됨을 원하시는 하나님의 성전에서 자기의 욕심을 관철하기 위한 싸움을 하면서도 정당화하는 무리들에게 화가 있을 것입니다. 생명의 만남은 없이 종교적 지킴만을 강조하는 교회도 화가 있을 것입니다. 아니, 하나님이 촛대를 분명히 옮기실 것입니다. 사울 왕에게서 하나님이 떠나셨을 때, 주님은 다윗을 후기 지도자로 삼으셨습니다. 사울 왕은 모양은 왕이었지만 실제 왕은 그가 아니었습니다. 하나님이 떠나신 후에도 사울은 몇 십 년을 왕으로 머물렀습니다. 이렇게 하나님의 촛대가 옮겨진 것도 모르고 몇 십 년을 목회를 하시는 분들도 있습니다. 그것은 경건의 모양은 있지만 능력이 없는 목회, 하나님을 기쁘시게 할 수 없는 목회입니다.

만남이 없는 자녀교육

제6일의 가치가 어떻게 자녀교육에 적용되는지 살펴보겠습니다. 이제 서구화되어가는 한국 가정에서는 부부가 맞벌이를 해야 살아가게 되었습니다. 더 좋은 문화시설을 누리고 더 좋은 집에서 살고, 자동차를 몇 대씩 가지고 살려고 하려면 두 사람이 뛰어야만 살 수 있습니다. 이렇게 두 사람이 밖에서 일을 할 경우, 집 안에 있는 아이들과 함께 시간을 보낼 수가 없습니다. 제7일의 안식이 가정에 존재하지 않게 됩니다.

그러므로 자녀들에게 미안한 부모는 무엇인가를 사주려고 노력합니다. 아이들에게 소유를 확장시켜줌으로 인하여 그 미안함을 대치하려고 합니다. 인형들도 얼마나 발달했는지 요사이 자녀들은 대화를 할 수 있는 인형들을 갖고 놉니다. 부모와 만날 수 없기 때문에 인형들과 지능화한 장난감들과 함께 놉니다. 시간 속에서 부모와 대면하는 시간은 없어지고 공간을 확장하며 사는 어린아이들, 이런 아이들의 마음은 공허합니다. 반항이 나옵니다. 우울증에 빠집니다. 그래서 오빠부대를 찾아다니며 열광합니다. '오빠' 하고 외치며 따라다니며 목마름을 해소하려고 하고, 그들이 자살하면 함께 자살까지 합니다. 이런 아이들은 부모와의 행복한 시간의 대면이 없었을 것이 뻔합니다. 문제아의 뒤에는 분명히 부모와의 단절이 있으며, 부모로부터 채워지지 않는 그 무엇이 있습니다. 가지면 가질수록 더욱 공허하고 외로운 이 시대의 자녀들, 그 자녀들에게는 제7일에 우리가 주님과 대면하는 것처럼, 자녀들도 부모와 대면하고 교제를 나누는 시간이 필요합니다.

옷보다도, 신발보다도, 장난감보다도 그들이 필요한 것은 부모와의 만남입니다. 우리들의 자녀들은 어디에 있습니까? 제6일의 가치에 유괴 당하지는 않았는지요? 자녀들을 제6일의 가치에서 구원해 와야 합니다. 제7일의 가치 안으로 들어오게 하여야 합니다. 그렇게 하지 않으면 자녀들은 아무리 좋은 대학을 나오고, 아무리 좋은 차를 운전하고 있다고 하여도, 그들의 마음은 니고데모와 같이 공허할 것입니다. 그리고 천상에 세계에 대하여 "어찌, 어찌 그런 일이?"하면서 의문을 제기할 것입니다. 제7일에 속하여 천상의 경험을 한 어린아이들은 확고하게 자신이 어디에 서 있어야 하며 어디로 가는지를 알고 있습니다.

귀신의 앞잡이인 줄도 모르고 사악한 게임과 노래, 그리고 세상적 가치에 빠져있는 우리 자녀들을 그 절망의 늪에서 속히 구해 와야 합니다. 더 오래 그런 곳에 유괴되어 있다면 구해와도 제7일의 삶에 적응을 할 수가 없게 됩니다. 그러나 제7일의 가치를 가지고 있는 아이들은 어디에 가서도 승리하게 됩니다. 유대인의 쉐마교육이 승리하는 이유는 제7일의 가치, 위로부터 오는 수직적인 교육에 있습니다. 세상적인 가치를 정복하고 다스릴 수 있는 능력을 끊임없이 위로부터 공급받고 있습니다. 우리나라의 대사가 유대인을 연구하였는데 유대인은 다르게 사는 것을 두려워하지 않는다고 합니다. 제7일의 가치는 세상 사람들과 다르게 살게 합니다. 세상 사람들과 똑같이 되어야 한다면 이미 그 사람은 제6일의 가치에 노예가 된 사람일 것입니다. 다르게 사는 자존감과 가치를 키워주는것 이것이 제7일에 속한 자녀교육입니다.

"네가 네 하나님 여호와의 말씀을 삼가 듣고 내가 오늘 네게 명령하는 그의 모든 명령을 지켜 행하면 네 하나님 여호와께서 너를 세계 모든 민족 위에 뛰어나게 하실 것이라"(신28:1)

■ 여러분의 자녀교육의 기본 철학은 어떤 것입니까?

■ 교회에 스며들어온 제6일의 가치는 어떤 것들이 있을까요?

나는 안식(메누하)과 결혼하였다

메누하와 성만찬

"너희 어린 양은 흠 없고 일 년 된 수컷으로 하되 양이나 염소 중에서 취하고 이 달 열 나흗날까지 간직하였다가 해질 때에 이스라엘 회중이 그 양을 잡고 그 피를 양을 먹을 집 좌우 문설주와 인방에 바르고 그 밤에 그 고기를 불에 구워 무교병과 쓴 나물과 아울러 먹되"(출 12:5-8)

메누하 사역을 하면서 어떤 심각한 질병을 가진 사람들에게는 성만찬을 집에서 하도록 권합니다. 아니면 목회 현장에서도 수시로 성만찬을 드리도록 권하고 있습니다. 한국에서는 개인이 성만찬하는 것을 금하고 있으며 교회에서 거룩하게 지도자들에 의하여 행해지도록 되어 있습니다. 그리고 세례를 받지 못한 사람들은 성만찬에 참여할 수 없도록 규정이 되어 있고, 가톨릭에서는 이혼한 사람들에게는 성찬을 나누지 않도록 합니다. 그것은 성경에서도 성찬을 나누기 전에 먼저 자신을 살피라는 말씀이 있기 때문에 더욱 그러한 것 같습니다.

"그러므로 누구든지 주의 떡이나 잔을 합당하지 않게 먹고 마시는 자는 주의 몸과 피에 대하여 죄를 짓는 것이니라 사람이 자기를 살피고 그 후에야 이 떡을 먹고 이 잔을 마실지니 주의 몸을 분별하지 못하고 먹고 마시는 자는 자기의 죄를 먹고 마시는 것이니라"(고전 11:27-29).

제가 안드레 잭슨 목사님이나 제리 레오나드 선생님에게서 인상적이었던 것은 하루도 빠지지 않고 혼자서, 혹은 둘이서 성만찬을 집에서 갖는다는 것입니다. 목회자들이니까 당연히 그러겠지 생각하고 넘어갈 문제가 아니라는 것도 깨달았습니다. 그것은 아주 중요한 의미가 성만찬에 있기 때문이라는 것을 최근에 알게 되었습니다.

『나는 안식과 결혼하였다』라는 책을 쓰면서 질병에 대한 말씀을 읽는 가운데 이 말씀이 저의 눈을 뜨게 하였습니다.

"이르시되 너희가 너희 하나님 나 여호와의 말을 들어 내 계명에 귀를 기울이며 내 모든 규례를 지키면 내가 애굽 사람에게 내린 모든 질병 중 하나도 너희에게 내리지 아니하리니 나는 너희를 치료하는 여호와임이니라"(출 15:26).

애굽의 질병이 무엇입니까? 불순종의 질병입니다. 우상숭배의 질병입니다. 그리고 저주받은 자의 질병입니다. 또한 장남이 저주받고 죽는 질병입니다. 애굽에서 이스라엘 백성이 떠나 오기 전에 멸하는 자가 모든 장남들을 죽이는 재앙이 있을 때에, 문설주와 인방에 피를 바른 자들은 이 재앙에서 넘어갔습니다. 그래서 그날을 유월절(passover)이라고 부릅니다.

어떻게 우리가 재앙에서 유월절 할 수 있습니까? 어떻게 질병으로부터 유월절 할 수 있습니까? 문설주와 인방에 어린 양의 피를 바른 가정들마다 그 집 안에 누가 있든지 간에 유월절의 구원을 얻었습니다.

저는 이 말씀들을 묵상하면서 메누하에서 암환자나 심각한 환자들에게 성만찬을 권하였는데 이것이 참으로 성경적인 것임을 이번에 책을 쓰면서 깨달았습니다.

저는 최근에 죽음의 사자가 틈이 있는 집안을 찾아다니면서 각종 질병을 주는 환상을 보았고, 특히 한국에 슬픔의 질병을 가정마다 주고 다니는 환상을 보았습니다. 이 환상은 십계라는 영화에서 장남을 죽이는 장면과 비슷한 환상이었습니다. 그 영화에서도 문설주와 인방에 어린 양의 피가 발라져 있는 가정은 재앙이 지나갔습니다. 그러나 그렇지 않은 가정에서는 슬픈 애곡이 흘러나오기 시작하였습니다. 자녀를 잃은 부모의 고통스러운 절규가 흘러나왔습니다. 요사이 한국인의 자살률이 세계 1위를 달리고 있습니다. 대통령부터, 재벌 손자까지, 유명하고 예쁜 배우들까지, 청소년들까지 자살을 택하고, 이것이 임파테이션 되어서 자살을 서로 동조하고 자살을 돕는 자살 사이트도 성행하고 있습니다. 특별히 우울증이 우리나라에 만연하고 있습니다.

모든 재앙의 사자가 집 안에 들어오고 싶어도 그리스도의 보혈의 피가 발라져 있는 가정에는 결코 들어올 수 없다는 것을 깨닫는 것처럼 중요한 것은 없습니다. 그리스도의 새 언약의 피와 살이 날마다 기념되는 가정마다 그 재앙의 사자는 결코 들어올 수가 없습니다.

"여호와께서 애굽 사람들에게 재앙을 내리려고 지나가실 때에 문 인방과 좌우 문설주의 피를 보시면 여호와께서 그 문을 넘으시고 멸하는 자에게 너희 집에 들어가서 너희를 치지 못하게 하실 것임이니라"(출 12:23).

우리 가정들은 사실 무방비 상태입니다. 그러한 무방비 상태에서 사탄은 우리 자녀들을 훔쳐가고, 가정의 행복과 평강을 훔쳐가고 그 자리에 질병과 가난을 선물로 주고 달아납니다. 그런데 하나님은 우리가 승리하는 길을 가르쳐주셨습니다. 그것은 우리의 힘으로 되는 것이 아니라 그리스도의 십자가의 죽음으로 가능하게 되었습니다. 사탄은 그리스도의 피로 인하여 무장해제 되었습니다. 그리스도의 피가 있는 곳마다, 죄사함을 받는 곳마다 사탄은 무서워 도망갑니다. 그 피로 인하여 자신의 무기가 다 벗겨지고 말았으며 최후에 멸망이 다가오고 있기 때문입니다.

우리 메누하 회원가운데 한 분이 임신을 할 수가 없었는데 성만찬을 하라는 안드레 목사님의 권고를 듣고 6개월 동안 하게 되었습니다. 난자도 만들어지지 않는 그분은 제7개월째에 임신을 하게 되었습니다. 그것은 하나님이 주신 창조적 기적이었습니다. 그분은 건강한 남자아이를 낳았고 지금 무럭무럭 자라나고 있습니다. 그분은 그리스도의 언약의 피와 살을 가지고 매일 말씀을 읽고, 회개기도를 하면서 하나님의 기적을 믿었습니다. 그 가정의 틈을 타고 공격하던 귀신들이 매일 언약의 피가 흐르고 있는 그 가정에서 손을 놓고 도망간 것은 자명한 사실입니다. 일곱 길로 도망가 버렸습니다.

그런데 문제는 있습니다. 목회자들이 없는 개인의 가정에서 성만찬을 드릴 수 있는지요? 이것은 신학적으로 잘못된 것이 아닐까요? 그러나 저의 개인적인 생각으로는 이 문제가 신학적인 것이기 보다는 교단의 법규에 관한 문제라고 봅니다. 미국에서는 개인에게 성만찬을 할 수 있는 권한을 준 교단도 많고 대부분의 교회에서 세례를 받지 않은 사람들에게도 성만찬을 베푸는 열려진 성만찬(open table)을 하고 있습니다. 하지만 한국에서는 이러한 것이 허락되지 않고 있습니다. 제가 모든 교단의 법규를 모르기 때문에 만일 여러분이 속한 교단에서 이것을 허락한다면 너무나 반가운 소식입니다. 그러나 대부분의 교단에서 성만찬을 집행하는 권한을 목회자에게만 주고 있습니다.

저는 성경을 읽으면서 성만찬을 특수한 사람에게만 집행할 수 있도록 제한한 것을 지금까지 읽어본 적이 없습니다. 그러나 주님의 살과 피를 나누는 과정이 정말 신성하고 거룩하여 아무에게나 할 수 있도록 허락한다는 것도 위험한 것을 저도 인정합니다. 그렇다면 이 문제를 어떻게 해결해야 할까요?

우리 메누하에서는 떡과 포도주를 담임목사님으로부터 성별을 받고 집에 가서 안내서에 따라 성만찬을 하도록 돕습니다.

이 중요한 성찬을 일 년에 몇 번만 하는 교회도 있습니다. 많은 교회에서 평신도는 결코 이 성찬을 개인적으로 할 수 없도록 금지하고 있으며 죽음을 앞두고 있는 환자들에게도 성만찬을 거행하지 않는 교회도 많습니다. 이것은 바로 죽음의 사자가 죽일 사람들을 찾고 있을 때에, 문을 열어두고 환영을 하는 것처럼 위험한 일입니다.

성찬은 매일의 양식입니다. 세례는 일생에 한 번 받지만 성찬은 매일의 양식입니다. 그리스도의 피와 살을 매일 먹으면서 그리스도의 구원을 기념하는 예식입니다.

천주교에서 마틴 루터가 종교개혁을 하고 나올 때에, 말씀을 강조하며 말씀만 들고 나왔습니다. 기름을 바르는 것, 성찬, 손으로 십자가를 긋는 것, 예배 음악, 모두 중요한 것이 아니라는 생각이 그때부터 개신교에 자리 잡았습니다. 성만찬이 매일의 의식에서 소홀하게 된 것은 종교개혁 중 가장 큰 실수라고 봅니다.

성만찬이 없는 교회나 개인은 마치 죽음의 사자가 장남을 죽이러 돌아다닐 때에 문지방과 인방에 어린 양의 피를 바르지 않은 것과도 같습니다. 애굽의 질병이 공격할 때에 문을 열어두고 지붕이 열려져 있는 것과도 같습니다.

애굽의 질병이 무엇입니까?

신명기 28장의 불순종하는 자에게 내리는 저주의 질병이 전부 애굽의 질병입니다.

"여호와께서 애굽의 종기와 치질과 괴혈병과 피부병으로 너를 치시리니 네가 치유 받지 못할 것이며 여호와께서 또 너를 미치는 것과 눈 머는 것과 정신병으로 치시리니"(신 28:27,28)

"여호와께서 네 몸에 염병이 들게 하사 네가 들어가 차지할 땅에서 마침내 너를 멸하실 것이며 여호와께서 폐병과 열병과 염증과 학질과 한재와 풍재와 썩는 재앙으로 너를 치시리니 이 재앙들이 너를 따라서 너를 진멸하게 할 것이라"(신 28:22).

"또 이 율법 책에 기록하지 아니한 모든 질병과 모든 재앙을 네가 멸망하기까지 여호와께서 네게 내리실 것이니"(신 28:61)

불순종하는 자들에게 임하는 이 엄청난 저주가 어떻게 해결되겠습니까? 바로 십자가에서 흘리신 주님의 보혈의 피가 이러한 저주로부터 구원을 하는 것입니다. 메누하에서는 성만찬을 강력하게 권고합니다. 담임목사님과 상의하셔서 성찬의 자료들을 성별하고 집에서 매일 성만찬을 가족들과 함께 거행하십시

오. 메누하의 홈페이지에는 성만찬에 대한 예배순서를 올려놓았습니다. 성만찬을 개인적으로 할 때에 주의점들이 올라가 있습니다.

　성만찬이 개인적으로 매일매일 거행될 때에 사탄의 공격에 대하여 놀라운 능력으로 대처할 수가 있습니다. 마치 종교개혁 전에 성경을 평신도들의 언어로 번역을 해 주지 않은 것처럼, 하나님께서 우리에게 주신 승리의 성만찬을 개인들에게 하지 못하도록 함으로 우리가 잃어버리고 있는 것이 얼마나 많은지 모릅니다. 메누하는 이 성만찬을 개개인이 모두가 집에서 매일매일 할 수 있도록 기도하고 있습니다. 이것은 하나님이 목회자에게만 주신 권한이 아니라 모든 믿는 자들에게 주신 하나님의 축복입니다. 은혜의 통로입니다. 이것은 목회자들에게 주어진 교단적인 권한에 평신도들이 도전하는 것이 아니라 모든 하나님의 백성들이 은혜의 길(means of graces)에 들어가고자 하는 것입니다. 모든 평신도들이 성만찬을 개인적으로 거행할 수 있을 때에, 가정마다, 개인마다 큰 보호를 받을 수가 있습니다. 저는 성만찬이 이러한 신학적이고 교단적인 검증을 받은 후에, 모두가 매일매일 주님의 은혜의 자리로 나아가도록, 가정 성만찬이 개개인들에 의하여 월요일부터 토요일까지 소성전에서 거행되는 날들이 속히 오기를 기도하고 있습니다.

저희가 영성 훈련할 때에 성만찬 영성을 배웁니다. 이 영성은 성만찬을 통하여 은혜를 누리고 그것을 통하여 하나님께로 나아가는 영성입니다. 성만찬의 은혜를 통하여 가장 큰 영성의 성장을 가져오는 영성입니다.

성례전적 영성은 천주교 교회와 희랍정교회 그리고 성공회에서 볼 수 있는 영성입니다. 또한 성례전을 매주 행하고 있는 개신교에서도 볼 수 있는 영성입니다. 예배자들은 빵과 포도주를 먹고 마심으로써 진정한 그리스도의 임재를 체험합니다. 성례전에 참여함으로 주님이 그곳에 계심을 체험합니다.

성례전적 영성을 가진 교회나 성도들은 성례전을 통하지 않고는 주님을 만났다는 강한 느낌을 가지지 못하며 이 예식을 통하여 그들은 주님을 만나고 영성의 깊이에 들어갑니다. 성례전은 주님의 사랑을 체험하는 장소이며 그곳에 주님의 약속과 현존이 임재하는 곳이며 자신의 사랑을 표현하며 감격하는 예식입니다. 자신의 영성을 가장 깊이 표현할 수 있는 것이 성례전이라는 예식입니다.

굳이 천주교 신자가 아니라고 하여도 개신교도들 가운데도 이 성례전이 자신에게는 언제나 특별한 감격을 주는 경우가 있습니다. 그들은 성례전을 할 때마다 주님을 만나며 주님이 베푸신 구원을 기억하게 됩니다. 그래서 언제나 함께 하시는 주님과 과거에도, 현재에도, 미래에도 함께 하시는 주님을 만나게 됩니다.

이러한 성례전을 중요시하는 공동체는 예식을 위한 기도문이나 사적(私的) 기도문이 잘 준비되어 있으며 일주일에도 여러 번 이 성례전 미사를 베풀기도 합니다. 이러한 성례전 미사에 익숙한 성도들은 예배 의식가운데 성례전이 없으면 마음이 허전하고 무엇인가 중요한 것을 잃어버린 것 같은 느낌을 갖게 됩니다. 그러므로 성례전적 영성은 그들이 주님께 드리는 모든 예배의 가장 중요한 예식입니다. 그래서 결혼식에도 치유예배에도 마지막 임종예배에서도 이 성례전은 행해지고 있습니다.

그러나 이러한 성례전적 영성에도 약점은 가지고 있습니다. 이 성례전이 형식적인 의식으로 전락할 수가 있다는 것입니다. 단순한 형식으로 전락하면서 그 안에서 진정으로 주님과 만나는 만남이 결여될 수도 있다는 것입니다. 즉 의식에는 익숙하지만 주님과의 만남은 전혀 없을 수도 있습니다. 또한 예수님과의 인격적인 만남보다는 형식을 더 우상화할 수도 있습니다.

그러므로 영성에 있어서 중요한 것은 주님과의 만남입니다. 그러한 만남을 통해서 얻을 수 있는 생명입니다. 이러한 생명이 결여된 것은 죽은 영성이며 그러한 영성은 우리의 삶을 변화시키거나 생명을 얻도록 하지 못합니다. 그러한 형식은 '경건의 모양'만 남은 영성을 낳게 될 것입니다.

그러나 이러한 형식적인 예식이 아니고, 경건의 모양만 남은 성만찬이 아닌, 날마다 주님의 임재 안으로 들어가며, 교묘하게 성도들의 집에 틈을 타서 파괴하려고 들어오는 모든 어둠의 실체에 대하여 담대하게 새 언약의 징표로 성만찬이 사용되어진다면 참으로 능력 있는 경건의 생활이 될 것입니다.

한 가지 예를 들어 보겠습니다. 저희 교회에서 작년에 결혼한 한 부부가 있습니다. 몇 주 전에는 그 댁에 가서 기도회를 가졌습니다. 교인들과 함께 기도하였는데 제목은 "스며드는 기도회" (soaking prayers)였습니다. 저의 교회에서는 한 달에 한 번 교인들의 집에 찾아가서 이렇게 스며드는 기도를 합니다. 마침, 제가 한국에 들어가기 전이라 그 댁에서 모였습니다. 작년에 결혼한 후 처음, 그 댁에서 교인들이 모이는 모임이었습니다. 주님께서 그날 기도회의 주제를 '혼인의 기쁨' 이라고 주셨습니다. 저는 혼인의 기쁨과 신랑과 신부가 어떻게 임파테이션이 되어 닮아가는지에 대하여 말씀을 나누었습니다. 그리고 이어서 결혼계약갱신의 시간을 가졌습니다. 다시 한 번 더 결혼식 때 약속하였던 것을 신성하게 그들의 입으로 고백하는 시간을 가졌습니다.

작년에 결혼한 그 예식으로 인하여 이 가족은 더 이상 이러한 예식을 가질 필요는 없습니다. 이미 결혼한 것이므로 결혼예식은 더 이상 필요가 없습니다. 하지만 이번 결혼언약갱신예배를 드리고 나서 그 부부는 더욱 기쁨이 충만하여졌습니다. 그들은 서로의 사랑과 하나님 앞에서의 결단을 다시 확인하였고, 작년 혼인 때의 감격을 다시 기억할 수가 있었습니다.

이와 같이 형식이라는 것은 매우 중요합니다. 특별히 결혼예식은 일생에 한 번 있는 것입니다. 이것은 세례와도 같습니다. 일생에 한 번 있으면 됩니다. 하지만 성만찬은 매일의 양식입니다. 생명의 떡과 그리스도의 피를 나누면서 그분이 우리에게 행하셨던 것, 행하시고 계신 일, 그리고 앞으로 행하실 일들을 기억하는 것입니다. 그래서 성만찬처럼, 우리도 결혼언약갱신예배를 해마다 드린다고 한다면 그 결혼은 더욱 의미가 있고 신선해질 것입니다. 그 결혼의 중요한 의미와 감격을 다시 되살리게 될 것입니다. 제가 공부하였던 클레아몬트 신학대학교의 하워드 클라인벨 교수님은 이러한 언약갱신을 위하여 정말 아름다운 신부의 옷을 입고 다시 재현해 보는 것도 중요하다고 하셨습니다. 저는 이러한 결혼언약갱신을 하워드 클라인벨 교수님으로부터 배웠습니다.

이러한 언약갱신은 외부적인 형식이지만 실제로는 그들의 마음을 더욱 사랑에 넘치게 하고 내부적으로 다시 한 번 더 든든한 결혼생활을 할 것에 대한 다짐의 시간이 된 것입니다. 참석하는 우리들도 모두 한가지로 은혜를 받았습니다.

성만찬을 매일 행하는 것도 이러한 것과 맥락을 같이 합니다. 한 번 결혼예식을 올렸으면 그 예식은 더 이상 필요 없지만 매일 매일의 삶에서 결혼의 의미를 다시 재확인하고, 사랑과 믿음을 재확인하면서 든든하게 결혼이 세워지도록 행하는 어떤 작은 의식도 너무 중요합니다. 그러한 의식이 한 번의 결혼예식과 대치되는 것은 아니지만 한 번의 결혼예식을 내적으로 실제로 풍성한 결혼생활이 되도록 돕는 은혜의 수단이 될 것입니다. 그 결혼예식이 형식이라면, 언약갱신은 실제 결혼생활의 내용을 믿음과 사랑으로 채우는 훌륭한 은혜의 수단이 될 것입니다.

■ 여러분의 교회에서는 성만찬이 중요하게 베풀어지고 있습니까? 아니면 일 년에 몇 번 집행되는지요?

■ 여러분은 이러한 의식에 대하여 어느 정도의 중요성을 부여하고 있는지요?

나는 안식(메누하)과 결혼하였다

잃어버린 메누하를 찾아서

"내가 두려워하는 그것이 내게 임하고 내가 무서워하는 그것이 내 몸에 미쳤
구나 나에게는 평온도 없고 안일도 없고 휴식도 없고 다만 불안만이 있구나"
(욥 3:25, 26).

이렇게 인류 모두가 메누하 가운데 있으면 얼마나 좋겠습니까? 또한 그리스도인 모두가 메누하 가운에 있다면 얼마나 행복하겠습니까? 이론으로는 알지만 잘 안 되는 것이 쉼을 누리는 것입니다. 더군다나 현대인의 스트레스는 높을 대로 높아서 쉼은 어떤 면에서 사치처럼 느껴질 때도 있습니다. 그래서 어떻게 해서든지 이제는 쉬어가며 일을 하고 싶어서 가족 휴가도 가고 휴가를 가는 데에 아끼지 않고 투자하는 젊은이들이 많이 늘고 있습니다.

저는 한때 미국연합감리교회에 속한 금융기관에서 융자를 얻는 사람들을 심사하는 심사위원들 가운데 한 사람이었습니다. 심사를 하는 가운데 미국 사람들은 휴가를 위하여 융자를 신청할 때에는 거의가 통과를 시켜주는 것을 보았습니다. 그만큼 미국 사람들은 휴가를 간다고 하는 데에는 적극적으로 돕고 싶어 하는 것을 제가 직접 체험하였습니다. 제 생각으로는 여유가 없으면 집에서 쉬지, 이렇게 돈을 빌려가면서까지 휴가를 갈 필요가 있을까? 하고 의문이 들었지만 미국 사람들과 저의 생각은 근본적으로 다르다는 것을 깨달았습니다. 휴가를 가고 싶은데 비용이 없다는 것에 대하여 남다른 동정심을 갖고 있었고 그만큼 쉰다는 데에 비중을 두고 사는 곳이 미국이라는 것을 깨달았습니다. 그래서 일할 때에는 열심이지만 가족 휴가에는 가장 많은 비중을 두고 준비하며 사는 사람이 미국인이라는 것도 알게 되었습니다.

안식은 보조물이 아니라 목적이다

"수고하고 무거운 짐 진 자들아 다 내게로 오라 내가 너를 쉬게 하리라 나는 마음이 온유하고 겸손하니 나의 멍에를 메고 내게 배우라 그리하면 너희 마음이 쉼을 얻으리니 이는 내 멍에는 쉽고 내 짐은 가벼움이라 하시니라"(마 11:28-30).

이처럼 휴가를 중요하게 생각하며 많은 비용을 미리 저축하는 미국 사람들은 휴가를 가지면서 다음에 일하기 위한 힘을 충전하고 싶어 합니다. 실제로 많은 사람들이 안식이나 휴식을 일을 하기 위한 보조수단으로 생각하지만 안식은 우리의 삶의 목적입니다. 그리고 구원의 내용이 곧 하나님의 품 안에서의 안식입니다.

제7일은 마지막에 있습니다. 휴가를 가진 후에 일을 하는 것이 아니라 메누하는 일을 한 후에 메누하에 들어갑니다. 쉬기 위하여 일을 합니다. 하나님은 안식이 구원에 들어가는 길이라고 말씀하셨고, 우리에게 그렇게 안식을 주시기를 원하셨습니다. 그러므로 휴가는 보조품으로 갖는 것이 아니라 휴가가 목적이 되는 것이 메누하의 안식입니다.

여전히 쉬지 못하는 이유

앞에서도 설명한 것처럼, 메누하의 개념이 저를 열광시켰지만 저는 욥과 같이 여전히 불안 가운데 있었습니다. 휴식도 없었고 온갖 스트레스는 다 갖고 있었습니다. 그러한 상태로 모든 부흥회를 인도하고 다녔습니다. 사실은 제가 불안해하고 있다는 것도 몰랐는지도 모릅니다. 진정한 안식을 모르기 때문에 제가 불안한 것인지, 저에게 메누하가 없기 때문에 불안하였든지 둘 중의 하나였을 것입니다. 그러나 참 메누하를 누리게 되면서 제가 얼마나 거짓된 안정 가운데 있었는가를 알게 되었습니다.

9년 전부터 저는 메누하에 목마르기 시작하였습니다. 진정한 메누하가 무엇일까요? 왜 저는 고요와 평정을 누리지 못하고 있을까요? 메누하의 진정한 본질은 무엇이며, 왜 메누하를 잃어버렸으며, 어떻게 다시 메누하는 회복될 수 있을까요? 저는 메누하를 하나님이 주시는 선물, 쉼으로 받아드렸습니다. 세상이 줄 수 있는 것이 아니고 세상이 또한 빼앗아 갈 수 없는 그러한 쉼, 전쟁터에서도 누리는 그 메누하, 그 하나님의 선물을 다시 회복하고 싶어서 목마르기 시작했습니다. 이 해답을 성경에서 찾게 되었습니다. 어디서부터 메누하는 잃어버렸을까요?

하나님(하늘)으로부터의 분리

하나님께서는 사람을 만드시고 당신의 호흡을 넣어주셔서 생령이 되게 하셨습니다. 그래서 하나님과 인간은 절대적인 관계입니다. 저는 부흥회를 인도할 때, 이 말씀을 항상 강조합니다. 남편과 아내는 밀접한 관계이지만 하나님과 인간과의 관계는 절대적인 관계라고 강조합니다. 남편과 아내는 조금 떨어져 있어도 문제가 되지 않지만 하나님이 주신 호흡이 3분만 멈추어도 우리는 이 세상 사람이 되지 못하고 저 세상으로 가야 합니다. 모든 관계가 필수적이고 중요한 것이긴 하지만 하나님과 인간의 관계처럼 절대적이지는 않습니다.

하나님으로부터 호흡을 빌려 사는 인간이기 때문에 하나님과의 분리는 곧 죽음을 의미합니다. 그런데 그런 육체적인 호흡뿐만 아니라 에덴동산에서 죄를 짓고 난 후, 아담과 이브는 하나님으로부터 분리가 되었습니다. 에덴동산으로부터 축출이 되었고 하나님과의 교제가 끊어져 버렸습니다. 아담은 죄를 짓는 순간 두려움과 수치가 몰려왔고, 그 이후 인류는 죄책감이라는 것으로 인하여 모든 평강을 잃어버렸습니다. 죄책감은 평강의 적입니다. 그래서 하나님으로부터 분리된 인간은 메누하를 근본적으로 잃어버리게 됩니다. 메누하이신 그리스도가 아니라면 우리는 다시 이 관계를 회복할 수가 없습니다. 하나님과의 샬롬이 되지 않는다면 우리는 메누하를 누릴 수가 없습니다. 그 메누하는 하나님으로부터 분리되면서 잃어버렸습니다.

이웃으로부터의 분리

아담과 하와는 참으로 사랑하고 친밀한 관계 속에 있었습니다. 그러나 하나님이 금하신 선악을 알게 하는 나무의 실과를 먹고 난 후, 그들은 서로의 책임을 전가하는 사이가 되었습니다. 그리고 에덴동산을 쫓겨난 아담의 자녀들은 최초의 살인자가 되어 더 큰 죄책감 속에 시달리게 되었습니다. 죄악은 죄악을 낳고, 저주는 저주를 낳게 됩니다. 서로의 관계가 샬롬이 되지 못하고 깨어질 때, 그때 메누하는 사라집니다. 인간과의 갈등이 가장 큰 메누하의 적입니다.

땅으로부터의 분리

"땅이 네게 가시덤불과 엉겅퀴를 낼 것이라 네가 먹을 것은 밭의 채소인즉 네가 흙으로 돌아갈 때까지 얼굴에 땀을 흘려야 먹을 것을 먹으리니 네가 그것에서 취함을 입었음이라"(창 3:18,19).

"땅이 그 입을 벌려 네 손에서부터 네 아우의 피를 받았은즉 네가 땅에서 저주를 받으리니 네가 밭을 갈아도 땅이 다시는 그 효력을 네게 주지 아니할 것이요 너는 땅에서 피하여 유리하는 자가 되리라"(창 4:11,12).

사람의 죄악으로 인하여 땅이 저주를 받습니다. 그리고 카인이 아벨을 죽이고 그 피가 땅으로 흘러 들어갈 때에, 땅이 사람에 대하여 화가 났습니다. 첫 살인피로 인하여 땅이 사람을 저주합니다. 편안하게 쉼을 누려야 하는 땅이 사람과 원수가 되었습니다. 흙으로부터 와서 흙에 누어서 흙으로부터 나오는 식물을 먹어야 하는 사람들이 땅을 피하며 살게 되었습니다. 이것이 메누하를 잃어버린 가장 큰 이유입니다.

땅은 재산입니다. 땅으로부터 모든 재정이 나옵니다. 그런데 하나님은 이 재정의 근원을 봉쇄하셨습니다. 아무리 수고하여도, 아무리 땀을 흘려도 엉겅퀴로 인하여 열매가 없습니다. 그래서 안타깝습니다. 남자들은 일에 매이게 됩니다. 수고하고 수고하여도 제대로 열매가 맺혀지지 않는 일에 땀을 흘립니다.

카인은 땅으로부터 피하여 유리하는 유목민이 되었습니다. 그래서 하나님은 언약을 맺으실 때에 그들에게 땅을 주신다고 하셨습니다. 그때의 땅의 개념은 안식의 개념이었습니다. 가나안 땅은 철과 광물질이 있고 물이 있고 식물이 풍성한 곳이었습니다. 이곳에 들어가면 텐트를 치지 않고 집을 짓고 살 수 있는 곳이었습니다. 가나안 땅에는 안식이 기다리고 있었던 것입니다.

인류에게 화가 나서 소산을 주지 않는 땅으로부터 소산을 많이 내는 아름다운 땅으로 회복시키는 일을 메누하 사역에서 하고 있습니다. 하나님께서 이제 아름답고 풍성한 열매를 주시겠다고 약속해주셨습니다. 그러나 이러한 아름답고 풍성한 열매를 맺기 위하여 하나님은 어떤 조건을 주셨습니다. 하나님이 주신 명령에 순종할 때, 이 모든 것들이 회복될 수 있다고 말씀하셨습니다.

"너희가 즐겨 순종하면 땅의 아름다운 소산을 먹을 것이요 너희가 거절하여 배반하면 칼에 삼켜지리라 여호와의 입의 말씀이니라" (사 1:19,20).

땅과 화목하게 될 때, 우리의 갈등은 없어지고 메누하는 시작됩니다. 땅과 화목하게 될 때, 가난도 사라지고 아름답고 풍성한 열매를 먹게 됩니다. 땅과의 반목처럼 메누하를 잃어버리게 하는 것은 없습니다. 모든 소산이 땅으로부터 나오고, 땅이 인류의 재산이고, 땅이 쉼터입니다. 땅으로부터 피하는 자가 되지 않고, 땅으로부터 복을 받으려고 한다면 예수 그리스도의 십자가가 없이는 불가능합니다. 예수님의 피가 십자가로부터 흘러들어가서 땅과 하늘이 화목하게 될 때, 우리도 땅으로부터 복을 받고 땅으로부터 오는 소산을 누리면서 메누하에 들어갈 수가 있습니다.

이사야 61장은 메누하 사역의 핵심을 가르쳐줍니다.

"그들은 오래 황폐하였던 곳을 다시 쌓을 것이며 예부터 무너진 곳을 다시 일으킬 것이며 황폐한 성읍 곧 대대로 무너져 있던 것들을 중수할 것이며 외인은 서서 너희 양떼를 칠 것이요 이방 사람은 너희 농부와 포도원지기가 될 것이나 오직 너희는 여호와의 제사장이라 일컬음을 받을 것이라 사람들이 너희를 우리 하나님의 봉사자라 할 것이며 너희가 이방 나라들의 재물을 먹으며 그들의 영광을 얻어 자랑할 것이니라"(사 61:5,6).

기름부음이 임하면 모든 것이 풍성해지는 것을 이 말씀을 통해 보여주고 있습니다. 영권이 회복이 되면 인권이 회복되고 그 다음에 물권이 따라오는 것을 보여줍니다. 기름부음이 있는 곳에, 황폐한 성읍이 다시 세워질 것이며 양떼들이 늘어날 것이며, 포도원의 포도가 풍성하게 맺어 많은 일꾼들이 필요하게 된다고 말씀하고 있습니다. 그래서 이제 기름부음 받은 자들은 존귀한 자로 불리움을 받게 됩니다. 제사장으로, 하나님의 봉사자로 불리움을 받게 됩니다. 새로운 신분으로 존귀하게 일어나게 됩니다. 이사야 61장의 말씀은 땅과의 화목이 일어나면 얼마나 풍성하고 부요한 삶을 누릴 수 있는지 말씀하고 있습니다. "너희가 이방 나라들의 재물을 먹으며" 이 말씀은 재정이 완전하게 회복된 것도 부족하여 다른 나라의 재물까지 먹는 것을 보여주는 말씀입니다. 땅과의 샬롬이 이루어지면 이방인의 재물까지도 성도들의 밥이 됩니다. 숨겨진 재물도 성도들의 것이 됩니다.

"네 성문이 항상 열려 주야로 닫히지 아니하리니 이는 사람들이 네게로 이방 나라들의 재물을 가져오며 그들의 왕들을 포로로 이끌어 옴이라"(사 60:11).

땅과 화목하는 사역, 랜드웍 사역은 『랜드웍과 문지기 사역의 이론과 실제』(윤남옥, 안드레 잭슨 공저, 메누하출판사)라는 책에 소상하게 설명되어 있습니다.

진정한 메누하를 찾아 나서기를 원합니까?

그 진정한 메누하는 세계의 중심부, 이스라엘 갈보리 산 위에 심겨진 나무 십자가로부터 해결을 받게 됩니다. 그리스도의 보혈의 피로 인하여 모든 반목과 갈등, 원한과 분노, 저주와 죽음이 사라지고 생명, 기쁨, 용서, 감사가 일어나게 됩니다.

"율법을 따라 거의 모든 물건이 피로써 정결하게 되나니 피 흘림이 없은즉 사함이 없느니라"(히 9:22).

메누하는 용서함 받고 용서를 베풀면서 시작됩니다

　진정한 메누하는 사함을 받음으로부터 시작됩니다. 죄로 인한 죄책감, 이웃과의 갈등, 수치, 원한, 이 모든 것들이 메누하를 빼앗아갑니다. 하지만 하나님으로부터의 용서함 받음은 이 모든 죄책감과 수치와 분노, 그리고 저주로부터 놓임을 받게 합니다. 사탄이 이러한 죄를 빌미로 삼아 참소하고 있었는데 이제 사탄이 더 이상 참소할 근거를 찾지 못하게 되었습니다. 재판장이신 하나님께서 더 이상 죄가 없다고 말씀해주시는데 누가 참소할 수 있겠습니까? 죄 사함, 이것이야말로 메누하로 들어가는 문입니다. 예수 그리스도의 십자가의 보혈로 말미암아 우리는 죄 없다 여김을 받았고 이제 주님과 얼굴을 대면할 수 있게 되었습니다. 더 놀라운 것은 메누하이신 우리 주님께서 우리 안에 들어와서 거하실 수가 있게 되었다는 사실입니다.

　진정한 메누하를 찾아 나서기를 원하십니까?

　그것은 공간에서도, 시간에서도 발견하기 어렵습니다.
　그 메누하는 메누하되신 그리스도 안에서만 가능합니다.
　그리고 그 메누하 안으로 들어가기 위하여 위대한 용서가 조건이 됩니다. 용서받은 감격으로 인하여 우리는 영원한 메누하를 누리는 주인공이 될 수가 있습니다.

또한 우리가 남을 미워하며 용서하지 못하고 원한을 품고 있는 한, 진정한 메누하가 이루어지지 않습니다. 그리고 그 상처를 준 사람을 저주하고 원수를 갚으려고 한다면 메누하는 먼 곳에 있게 됩니다. 사람들은 남을 미워하면서 안 만나면 된다고 생각하지만 우리가 누구를 미워하면 그 미움이라는 끈으로 미워하는 대상과 보이지 않게 얽혀 있게 됩니다. 미움을 용서로 풀어주지 않는 한, 우리의 갈등과 분노는 없어지지 않습니다. 자신을 위하여 용서해 주고, 풀어놓아 줄 때에 진정한 평강이 넘쳐나게 됩니다. 자신에게 상처를 준 사람들을 풀어놓아 줄 때에 자신도 평강을 누리게 됩니다.

그러므로 진정한 메누하는 십자가의 사건으로부터 일어납니다. 위로부터 용서받고, 옆으로 용서하고, 이러한 십자가의 사건이 일어날 때에 진정한 메누하는 계속됩니다. 또한 나의 정과 욕심을 십자가에 못 박고 그리스도가 우리를 통하여 사시게 될 때에, 진정한 메누하는 시작됩니다.

"내가 그리스도와 함께 십자가에 못 박혔나니 그런즉 이제는 내가 사는 것이 아니요 오직 내 안에 그리스도께서 사시는 것이라 이제 내가 육체 가운데 사는 것은 나를 사랑하사 나를 위하여 자기 자신을 버리신 하나님의 아들을 믿는 믿음에서 사는 것이라"(갈 2:20).

■ 여러분이 쉼을 잃어버릴 때는 어느 때입니까?

■ 세상적인 쉼과 그리스도 안에서의 쉼의 차이는 무엇입니까?

나는 안식(메누하)과 결혼하였다

⑩ 메누하(쉼) 지수(M.Q., Menuha Quotient)

"수고하고 무거운 짐진 자들아 다 내게로 오라 내가 너희를 쉬게 하리라"
(마 11: 28).

예수님께서는 '인자는 안식일의 주인'(마 12:8)이라고 말씀하셨습니다. 우리가 안식을 누리려면 안식의 주인인 예수님을 만나야 합니다. 우리는 아름다운 자연, 강, 산을 바라보면서 메누하를 체험합니다. 하지만 예수님은 당신 자신이 메누하라고 말씀하셨습니다. 아무리 좋은 환경에 있다고 하더라도 예수님 밖에 있는 자들은 메누하가 없습니다. 복잡하고 추하고 낮은 그러한 삶의 장터에서도 주님과 함께 하면 그곳이 메누하, 쉴만한 물가입니다. 예수님께서는 저에게 한 때 "메누하를 위하여 일하다가 메누하를 잃어버리지 말라."고 말씀하셨습니다. 진정한 메누하 사역은 삶에 지친 영혼들을 그리스도의 품에 안기도록 합니다. 아름다운 자연, 고요한 경치 이것이 메누하(쉼)는 아닙니다. 아름다운 자연, 고요한 그곳에서 우리는 쉼을 누리지만 그리스도가 함께 하지 않으면 그곳에서도 쉼은 없습니다. 어디에 있든지 그리스도 안에 있으면 메누하를 체험합니다. 그리스도 안에 있으면 우리는 일하면서도 쉬고, 쉬면서도 쉽니다. 이것이 주님 안에서 찾아지는 능동적 안식, 메누하입니다.

우리가 학교 다닐 때에는 아이큐(I.Q.)라는 말이 유행하였습니다. 그래서 은근히 I.Q.가 높은 것을 자랑하기도 하였습니다. 어느 명문학교는 평균 I.Q.가 소문이 나기도 하였고 그 학교에 속한 학생들은 I.Q.가 높다는 것에 대한 큰 자긍심을 가지고 있었습니다. 그러나 이어서 I.Q.보다는 E.Q.(emotional quotient)가 더 중요하다는 학설이 나오기 시작하여 『아버지는 I.Q. 어머니는 E.Q.』라는 책도 나오게 되었습니다. 그런데 요사이 저는 쉬는 지수, 메누하 지수 M.Q.(혹은 Relaxing Quotient: R.Q.)에 대하여 생각해 보게 되었습니다. 우리들은 어려서부터 무엇인가를 하는 것이 좋은 것이라고 생각했기 때문에 항상 움직여야 했고 많은 것을 하는 것이 더 좋은 것처럼 생각했었습니다.

한국에서 유명한 교회에 다니던 한 집사님이 저희 교회에 오셨습니다. 그분은 몇 주 다니다가 다른 교회로 가셨습니다. 다른 교회로 간 이유인즉 교회가 너무 활동이 없어 지루하다는 것입니다. 한국에서 다니던 교회는 뺑뺑이 돌리기로 유명한 교회였는데 한시도 쉬지 않고 교회가 활동을 하고 있고 24시간 교회가 열려있어 지루한 줄을 몰랐다고 합니다. 우리는 그분한테서 이상한 현상을 발견하였습니다. 곧 교회가 자신을 24시간 뺑뺑이 쳐서 돌려주기를 원하는 것이었습니다. 잠시도 가만히 있지 못하고 움직여야 했으며 가만히 있을 때에는 마치 술중독자가 금단현상이 일어나는 것처럼 어쩔 줄 모르고 불안해했습니다.

24시간 교회 활동에 참여하면서 가정생활이나 사회생활은 전혀 없는 교인들에게 나타나는 현상은 쉬고 있을 때도 나타나는 불안입니다. 이러한 증상은 목회자들에게도 나타나기도 합니다. 심방가고, 기도원가고, 세미나에 참석하고, 프로그램을 개발하고, 바빠야 무엇인가를 하는 것처럼 생각하는 목회자나 사모들도 주위에서 많이 볼 수가 있습니다. 그래서 교회가 뱅글뱅글 돌려주어야 생활이 가능한 교인들, 혼자 있을 때에는 무엇을 해야 할 지 전혀 모르는 교인들은 참 불쌍한 교인들입니다. 사실, 교회생활은 가정생활이나 사회생활을 잘 할 수 있도록 도와주는 것입니다. 신앙생활은 가정과 사회에서 실제가 되어야 하며, 혼자 있는 시간에도 스스로 시간을 청지기 하며 자신에게 유익한 일을 위하여 무엇인가를 할 수 있어야 합니다.

이제 시대가 변하여 쉬는 생활에 많은 비중을 두고 있습니다. 그럼에도 불구하고 쉬는 능력지수는 그렇게 높지 못한 것이 안타깝습니다. 일을 중심으로 사는 신앙생활은 이러한 부조화를 낳게 됩니다. 하나님은 우리를 쉼으로 초청하셨고 그 쉼 가운데 우리를 거룩한 존재로 만들어 가십니다. 그러므로 쉬는 능력은 완전히 일로부터 쉬는 능력이 아니라, 일하는 가운데에서도 쉴 수 있는 능력입니다. 능동적 안식, 능동적 쉼을 누리는 능력이라고 볼 수 있습니다. 저는 요사이 쉬는 능력의 중요성에 대해서 심각하게 생각하고 있습니다. 쉬는 시간에 불안해하지 않고 마음껏 누리며 쉬는 능력입니다. 쉬면서도 "이 일을 해야 하는데…. 이렇게 쉬면 교인들이 뭐라고 말하지 않을까?" 하면서 진정한 쉼을 누리지 못하는 경우가 많습니다. 쉬는 것에 대하여 죄책감을 갖고 있습니다. 하지만 하나님은 그러한 죄책감을 가지면서 쉬는 것을 기뻐하시지 않습니다. 하나님 안에서 우리는 온전하고도 즐거운 쉼을 누릴 수가 있습니다. 이러한 쉼이 우리에게 누려지지 않는다면 신앙생활은 사실, 우리에게 무익한 것인지도 모릅니다. 안식일의 주인이신 그리스도 안에서의 쉼!! 쉼의 능력, 메누하 지수가 우리에게 점점 높아지고 깊어지기를 소원하게 됩니다.

리처드 포스터는 "바쁜 것은 나쁜 것이 아니라 사탄 자체이다."라고 말했습니다. 사탄은 "좀 더 일해, 좀 더 일해"라고 종의 영성이 강해지도록 부축입니다. 또한 사탄은 "죽도록 충성하라."
라는 말을 잘못 해석하여 죽을 정도로 일하라는 것으로 해석해
버립니다. 하지만 이 말은 '죽음의 문턱까지도, 죽음의 순간까지
도' 하나님께 충성하라는 말씀입니다. 죽음의 순간까지도 주님
께 충성하라는 말과 죽을 정도로 일하라는 것과는 근본적으로 다
릅니다. 그런데 사탄도 성경을 인용하여 성도들을 현혹시킵니
다. "죽도록 일해라. 그렇지 않으면 하나님께서 너에게 생명의
면류관을 주시지 않는다." 그러면서 사탄은 쉼을 빼앗아 갑니다.
쉼을 빼앗아 가기 때문에 진정한 주님과의 만남이 없어집니다.
조용하게 쉬면서 주님과 만날 시간들을 도적질해 갑니다. 그런
데 이렇게 열심히 죽을 정도로, 주님과 교제하지도 않으면서 일
에 중독되는 것이 정말 헌신된 그리스도인이라고 착각하고 있습
니다.

"Be faithful until death, and I will give you the crown of life"(계 2:10).

• 메누하는 은혜이고 선물입니다

은혜와 선물은 일의 대가로 받는 것이 아니라 무조건적으로
주어지는 것입니다. 하지만 사탄은 무엇인가 일함으로 하나님으

로부터 사랑과 신뢰를 받는다고 속이고 있습니다. 그리고 일에 중독되도록 하여 거짓된 평화를 누리게 합니다. 잠시 죄책감으로부터 놓임을 받는 듯한 착각을 하게 합니다. 그것은 속고 있는 것이지 진정으로 쉬는 것이 아닙니다. 곧 종의 영성입니다. 하지만 메누하는 자녀의 영성입니다.

자녀들은 죽을 정도로 일할 필요가 없습니다. 왜냐하면 일로 인하여 아버지와 관계를 맺는 것이 아니기 때문입니다. 자녀는 사랑의 관계일 뿐, 일을 잘 못 한다고 하여 그 관계가 끊어지는 것이 아닙니다. 하지만 종들은 조금만 일을 게을리 하여도 주인이 자신을 내어 쫓을 것을 걱정합니다. 그래서 마음의 평강이 없습니다. 언제나 불안하고 쉼이 없습니다. 만일 쉼이 없다고 한다면 아직도 종의 영성을 누리고 있는 것입니다. 샬롬이 없도록 만드는 것이 사탄이 하고 있는 가장 큰 훼방입니다. 이러한 메누하를 누리기 위하여 예수님은 우리를 초청하고 계십니다.

● **"다 내게로 오라"(마 11:28)**

메누하 지수가 높아지기 위하여 우리가 할 수 있는 가장 첫 번째 일은 예수님에게 나아가는 것입니다. 예수님은 우리들을 초청하셨습니다. 누구든지 수고하고 무거운 짐을 진 자들이 있다면 주님 앞으로 오라고 초청하고 계십니다. 이 말씀을 들을 때마다 생각나는 예화가 있습니다. 왕년에 코미디언이었던 후라이보이 곽규석(목사님) 씨가 어렸을 때에 어머님이 항상 이 성경말씀을 암송시켰다고 합니다. 그래서 자신은 예수님에게 갈 수 있는 사람들은 지게꾼들이라고 생각했습니다. 그리고 자신은 주님에게로 갈 필요가 없다고 생각하고 있었는데 부도가 나면서 경제적인 짐을 크게 지게 되었습니다. 그럴 때에 이 말씀의 진의가 깨달아졌습니다. 자신이 수고하고 무거운 짐을 진 자로 깨달아져서 주님에게로 돌아왔습니다. 그는 하나님의 도움을 청하였고, 그 다음에는 신학을 공부하고 목사님이 되셨습니다. 정말 수고하고 무거운 짐을 진 것을 자신이 모른다면 주님에게로 나아가지도 않을 것입니다. 그러나 너무 무겁고 힘들어서 어떻게 할 수 없는 상태라면 주님에게로 나아오면 됩니다. 주님은 그런 사람들을 초청하고 있습니다.

● "내가 너희를 쉬게 하리라"(마11:28)

저는 이 말씀에서 깊이 깨달았습니다. 진정한 쉼은 메누하 되신 주님께서 메누하를 주실 때만이 가능하다는 것을 알았습니다. 우리를 쉬게 하실 수 있는 분은 예수님이십니다. 주님은 "내가 쉬게 하겠다."라고 말씀하십니다. 쉬게 하실 수 있는 분의 주체는 그리스도이십니다. 메누하 지수는 이러한 주님 안에서 지속적으로 거할 수 있을 때 가능한 것입니다. 그분 안에서만이 진정한 쉼을 누릴 수가 있는 것입니다. 그분이 쉼을 누리게 하실 때만이 가능한 것입니다.

■ 여러분의 메누하 지수는 얼마입니까?

■ 여러분은 어느 때 가장 큰 평강과 쉼을 누리는지요?

■ 여러분들로부터 메누하를 빼앗아가는 것은 무엇입니까?

나는 안식(메누하)과 결혼하였다

메누하의 선교적 사명

"주 여호와의 영이 내게 내리셨으니 이는 여호와께서 내게 기름을 부으사 가난한 자에게 아름다운 소식을 전하게 하려 하심이라 나를 보내사 마음이 상한 자를 고치며 포로된 자에게 자유를, 갇힌 자에게 놓임을 선포하며 여호와의 은혜의 해와 우리 하나님의 보복의 날을 선포하여 모든 슬픈 자를 위로하되 무릇 시온에서 슬퍼하는 자에게 화관을 주어 그 재를 대신하며 기쁨의 기름으로 그 슬픔을 대신하며 찬송의 옷으로 그 근심을 대신하시고 그들이 의의 나무 곧 여호와께서 심으신 그 영광을 나타낼 자라 일컬음을 받게 하려 하심이라"(사 61:1-3).

1. 메누하와 샬롬의 사역(치유사역)

저희가 하는 사역가운데 메누하 치유집회와 메누하 건강캠프가 있습니다. 이 집회는 모두 전인적 치유사역입니다. 단순히 몸만 치유 받는 것이 아니라 상처도 치유 받고, 관계도 치유 받고, 가난도 치유 받고, 또한 건강을 청지기하는 것도 배웁니다. 메누하에서 하는 사역가운데 가장 큰 것이 샬롬의 사역입니다. 이 샬롬의 사역이 곧 치유사역입니다.

육신적인 질병도 치유 받았습니다

메누하 치유사역에서는 날마다 하나님의 기적을 직접 보게 됩니다. 다른 먼 지역에서 일어나는 기적이 아니라 바로 '지금 여기에'(here and now)에서 일어나는 기적입니다. 치유의 기름부음이 임할 때마다 병원에서 소망이 없다고 말하는 모든 질병을 고침 받습니다. 하나님은 치유의 하나님이십니다. 그동안 많은 귀머거리, 척추환자, 관절염, 백내장, 녹내장, 척추 측만증, 목 디스크, 허리 디스크, 뇌경색, 피부병, 위장병, 당뇨, 혈압이 고침을 받았으며 콜레스테롤, 중성지방 등이 정상이 되는 치유를 받았습니다. 특별히 저의 남편 잠언목사님은 신장에 있던 2.5cm의 혹이 기도에 의하여 없어졌습니다. 암이 될 가능성이 있는 혹이었는데 환부에 손을 대고 없어지도록 명령을 하였고, 창조적 치유를 선포하였을 때에 깨끗하게 혹이 없어져서 의사들도 이것은 기적이라고 말했습니다.

밤마다 파스를 붙여야 잘 수 있는 분이 이제는 더 이상 그럴 필요가 없어졌고, 수없는 티눈으로 고생하던 분들이 티눈이 모두 없어졌고, 고정되어 있던 눈동자가 돌아가기 시작했으며 올라가지 않던 손이 올라가서 머리를 두 손으로 감았습니다. 또한 팔자걸음을 하던 사람들이 다리가 정상으로, 파킨스 병, 폐암, 직장암, 아토피, 뇌성마비, 짧은 다리가 길어지고, 소아마비로 인하여 절뚝거리던 발이 정상이 되고, 보이지 않던 눈이 보게 되고, 아기를 낳을 수 없는 분이 아기를 낳아 잘 키우고 있고, 대상포진, 루프스, 갑상선, 치질, 변비, 뇌경색, 그리고 시력이 회복되어 안경을 벗는 일들이 날마다 예배의 현장에서 만날 수 있게 되었습니다.

어제나 오늘이나 동일하신 하나님께서 질병으로 고생하는 사람들에게 자비를 베풀어주셨습니다. 그분은 정말로 병 고치기를 즐거워하시는 분이시며 없는 것에서 있는 것을 만드신 창조주 하나님의 능력을 어디에서나 사모하는 이들에게, 믿음으로 나오는 이들에게 베풀어주셨습니다. 그래서 메누하 사역에 동참하는 이들은 "와서 보라."고 외칠 수 있게 되었습니다.

예수님은 제자들에게 영접하는 가정에 들어가서 평안을 빌고 음식을 차려놓았으면 잘 먹은 후에, 병자들을 고치라고 말씀하셨습니다.

"어느 동네에 들어가든지 너희를 영접하거든 너희 앞에 차려놓는 것을 먹고 거기 있는 병자들을 고치고 또 말하기를 하나님의 나라가 너희에게 가까이 왔다 하라"(눅 10:8,9).

그리고 천국복음을 전하라고 하셨습니다. 예수님의 목회는 병자를 고치는 것과 설교하는 것을 항상 병행하셨습니다. 치유는 특별한 목회에서만 하는 것이 아니고 복음전파와 함께 하는 것입니다. 왜냐하면 병 고침을 받았다(소조)와 구원받았다(소조)는 말은 같은 어원이며 같은 구원의 역사이기 때문입니다. 이미 예수님의 구원에는 치유와 영혼구원이 함께 들어있습니다.

● 묶였던 많은 사람들이 놓임을 받았습니다

메누하 치유집회의 특징은 귀신들이 소리 지르고 나가버린다는 것입니다. 귀신들은 교묘하게 요새를 틀고 숨어살면서 사람들을 얽매이게 하고 눌리게 하지만 기름부음이 임하는 곳에서는 자신의 모습을 드러내고 도망가 버립니다. 귀신들은 예수 그리스도의 이름으로 능력대결을 하면 자기가 묶어놓았던 것을 풀고 도망가 버립니다. 축사는 메누하 집회에서 가장 크게 나타나는 기적입니다. 예수님께서는 기름부음이 임하면 묶인 자들, 갇힌 자들에게 자유가 선포된다고 하셨는데 알 수 없는 많은 질병들과 귀신들이 도망감으로 자유함을 얻게 되었습니다.

공황 장애증, 벙어리, 귀머거리, 불안증세, 정신이상, 마비, 파킨스씨 병, 자살 충동증, 거식증, 적그리스도의 영, 죽음의 영, 음란의 영, 미움과 분노 등등 이유를 알지 못하고 고통을 당하던 질병으로부터 자유함을 얻었습니다.

처음에 안드레 잭슨 목사님과 집회를 할 때에, 한 청년이 갑자기 튀어나가면서 몸을 뒤틀며 땅바닥에 뒹굴었습니다. 그때 안 목사님은 14대를 내려오는 귀신에 사로잡힌 자라고 말씀해주었습니다. 참으로 힘들게 축사사역이 행해졌습니다. 14대를 내려오는 귀신인지라 여간해서는 안 나가려고 발버둥 쳤습니다. 마지막에는 "그래, 나간다. 나가."하면서 그 청년을 떠나갔습니다. 그 가족들은 이유도 없이 이상한 증세를 나타내는 아들로 인하여 기도 많이 하고 있었는데 이 청년은 축사로 자유로운 몸이 되었으며 지금은 신학교에 다니고 있습니다. 함께 메누하 사역에 봉사하시는 섬기미 목사님들도 처음에는 놀라서 구경만 하였는데 지금은 모두가 본 것을 그대로 하면서 집회 때에 일어나는 귀신들의 발작을 쉽게 분별하여 축사하여 묶였던 것을 풀어주고 있습니다.

"예수께서 거기서 떠나사 갈릴리 호숫가에 이르러 산에 올라가 거기 앉으시니 큰 무리가 다리 저는 사람과 장애인과 맹인과 말 못하는 사람과 기타 여럿을 데리고 와서 예수의 발 앞에 앉히매 고쳐 주시니 말 못하는 사람이 말하고 장애인이 온전하게 되고 다리 저는 사람이 걸으며 맹인이 보는 것을 무리가 보고 놀랍게 여겨 이스라엘의 하나님께 영광을 돌리니라"(마 15:30,31).

마음의 상처들도 치유 받았습니다

메누하에 오면 심령의 상처들을 치유 받습니다. 예수님은 이미 우리들을 위하여 이 모든 상처들을 십자가에서 짊어지셨고 우리들에게는 행복과 평안을 선물해 주셨습니다. 『성경인물들의 내적치유일기』(도서출판 진흥)와 『과거의 상처와 아름답게 작별하기』(도서출판 진흥) 등 저의 저서들은 특별히 숨겨진 상처들로 고통받는 이들을 위하여 저술되었습니다. 이 책들은 곳곳에서 내적치유성경공부 교재로 사용이 되고 있습니다.

땅이 치유 받았습니다

메누하의 중요한 사역인 랜드웍을 통하여 많은 땅들이 희년의 나팔을 불고 있습니다. 과거의 사탄의 위로 자리 잡은 그 곳에 승리의 십자가가 심어지고 있습니다. 사탄의 위가 세워지면 교회의 힘이 줄어들고, 십자가가 심어지면 사탄의 위가 힘을 잃어가고 하나님의 교회가 부흥합니다. 안드레 잭슨 목사님, 그리고 정영만 장로님, 조영찬 목사님과 제가 함께 집필한 『랜드웍과 문지기 사역의 이론과 실제』(메누하출판사)라는 책을 통하여 구체적으로 랜드웍이 무엇인지, 어떻게 하는 것인지, 어떤 점을 주의해야 하는지 배울 수가 있습니다.

딸이 선교를 하고 있는 중동을 방문하였습니다. 그곳 산 위에 십자가를 심고 카스피 해에 기름을 뿌리고 왔습니다. 이제 중동 모슬렘들을 지배하고 있는 모든 지역 영들이 도망가고 복음전도의 길이 열리도록 랜드웍을 하고 왔습니다. 그리고 그 다음에 선교를 갔는데 그 이후 매일 새로운 교인들이 늘어난다는 소식을 들었고, 그 나라에서 제일 처음 백만장자가 되었다는 여걸, 한 모슬렘 여인에게 세례를 주고 왔습니다. 또한 YWAM 선교사들과 함께 뜨겁고 기름부음이 충만한 기도회를 하고 돌아왔습니다. 땅이 치유되면 그 안에 사는 이들이 치유되고 그들의 재정이 열립니다. 그리고 새로운 땅 위에 인생이 건축됩니다. 이 새로운 땅이 바로 그리스도이십니다.

"그러므로 너희가 그리스도 예수를 주로 받았으니 그 안에서 행하되 그 안에 뿌리를 박으며 세움을 받아 교훈을 받은 대로 믿음에 굳게 서서 감사함을 넘치게 하라"(골 2:6,7).

• 천상의 선물도 받습니다

메누하에서의 가장 귀한 치유는 천상의 기적을 체험할 때 일어납니다. 종교적이고 이성적이고 논리적이고 합리적인 사람들이 하늘로부터 내려오는 귀한 기적들을 체험할 때 자신의 한계를 내려놓고 영원을 바라보게 됩니다. 어느 교회든지 목사가 바라보는 그 이상을 평신도들이 바라볼 수 없습니다. 목사가 이해하는 것 이상으로 평신도들이 이해할 수 없습니다. 메누하 목회자 학교나 치유집회에 참석하시는 목사님들은 이러한 천상의 선물을 받고 목회를 대하는 열정이 달라지십니다. 보기 때문이 아니라 이성적, 종교적 한계에 갇혀 있다가 하나님께서 마음껏 일하시도록 마음을 열기 때문입니다. 메누하에서 날마다 순간순간마다 일어나는 하나님의 영광, 선물, 기적은 이러한 생각을 깨고 하나님이 되는 기적을 체험합니다(약 1:17).

처음에는 금가루들이 내리고 금조각들이 내리다가, 그 다음에는 금기름이 내렸습니다.

"다시 그에게 물어 이르되 등잔대 금 기름(golden oil)을 흘리는 두 금관 옆에 있는 이 감람나무 두 가지는 무슨 뜻이니이까 하고"
(슥 4:12)

또한 최근에는 12가지 대제사장 옷에 박혀있는 보석(gemstones)들이 내리기 시작하였습니다. 그리고 최근에는 많은 분들에게 천상의 깃털이 내리고 있습니다. 이것은 누가 마술처럼 하는 것이 아닙니다. 만일 이것이 마술이라면 아마 속임수를 가지고 사람들을 현혹하는 것일 것입니다. 마술은 한 번쯤, 이곳에서 속일 수 있을지는 모르지만 동시에 곳곳에서 다른 사람들에게 지속적으로 내리게 할 수는 없을 것입니다. 그러나 이러한 천상의 체험은 시공을 초월하여 일어나고 있습니다. 교단을 초월하여 일어나고 있습니다. 금가루와 보석, 그리고 천상의 깃털은 메누하의 것이 아니라 하나님으로부터 기름부음을 받는 모든 성도들의 체험입니다. 보이는 기름부음이 이 마지막 시대에 급하게 내리고 있습니다. 시대를 볼 수 있는 눈, 역사를 볼 수 있는 눈을 가진 자들에게는 하나님의 임재가 보이는 기름부음이 임합니다.

"제자들을 돌아보시며 조용히 이르시되 너희가 보는 것을 보는 눈은 복이 있도다 내가 너희에게 말하노니 많은 선지자와 임금이 너희가 보는 바를 보고자 하였으되 보지 못하였으며 너희가 듣는 바를 듣고자 하였으되 듣지 못하였느니라"(눅 10:23).

천상의 선물들은 잘못된 것이 아니라 시대적으로 우리에게 하나님이 주시고자 하는 것을 말씀해주고 있습니다. 이제 마지막이 가까웠다는 뜻입니다. 듣고 믿는 시대에서 보다 강력하게 보고도 믿을 수 있는 시대로 향해 나가고 있습니다. 얼마나 급하시면 주님은 이렇게 보여주시고 만지게 하실까요? 지금 시대에는 어린아이부터 어른까지 모두 보는 시대입니다. 컴퓨터도 그렇고 아이팟도 그렇고 하루 종일 보는 것으로 살고 있습니다. 교회만이 계속 듣고 있습니다. 어떤 보이는 기적도 일어나지 않습니다. 하나님은 이제 우리들을 보게 하십니다. 하나님의 살아계심을 보게 하십니다. 기적을 보게 하십니다.

"내가 주께 대하여 귀로 듣기만 하였사오나 이제는 눈으로 주를 뵈옵나이다"(욥 42:5).

장님 바디매오는 주님에게 간절하게 달려가서 도움을 구하였습니다. 주님께서는 바디매오에게 "네게 무엇을 하여 주기를 원하느냐"라고 물어 보았습니다. 바디매오는 다른 대답을 할 수가 없었습니다. 가장 중요하고 사모하는 것을 대답하였습니다.

"선생님이여 보기를 원하나이다"(막 10:51).

보고도 믿지 못하는 자들이 있고, 보지 않고도 믿는 자들이 있습니다. 보아야만 믿는 사람들도 있습니다.

"너는 나를 본 고로 믿느냐 보지 못하고 믿는 자들은 복되도다 하시니라"(요 20:29).

하지만 주님은 어떻게 해서든지 믿음으로 우리들이 들어오도록 기회를 넓히시고 계십니다. 천상에서 내려주시는 이 놀라운 선물들을 믿음으로 받아드리는 자들이 복이 있습니다.

저는 어느 날, 저의 침대에서 수 백 개의 천상의 깃털을 발견하였습니다. 혹시 매트리스 속이 거위 털로 된 것인가 의심이 되어 칼로 두 군데를 찢어 보았습니다. 그랬더니 노란색 스펀지로 되어 있었습니다. 저는 그 수 백 개의 깃털을 다 주어 모았습니다. 그리고 그 다음날 가보니 그 전날 제가 받은 것보다 더 많은 깃털이 또 있었습니다. 그 깃털을 받는 순간 저의 마음은 너무 신성하고 거룩하여 경외심이 일어났습니다. 얼마나 부드럽고 미세하고 가벼운지 이 지상에서 볼 수 없는 아름다운 깃털들이었습니다.

신성하고 거룩한 하나님의 선물을 마술이라고 말하는 분들은 마술이 어떤 것인지 알아야 합니다. 마술은 순간적인 눈속임입니다. 이러한 눈속임이 교파를 초월하여, 교단을 초월하여, 시공을 초월하여 일어날 수는 없습니다. 한 번 무대에서 속일 수 있을지는 모르지만 그 똑같은 일이 다른 곳에서 일어날 수는 없습니다.

지난 어느 교회에서 있었던 일은 아주 인상적인 일입니다. 금가루가 내린다는 것에 대하여 부정적으로 생각하고 있는 성도들이 더러 있는 교회에서 제가 집회를 하였습니다. 설교가 끝나고 언약갱신을 위하여 어린아이들을 모두 강단으로 나오게 하여 기도해주는 시간을 가졌습니다. 어떤 한 젊은 엄마는 자신의 아이를 교회에 데리고 오지 않은 것을 무척 후회하고 안타깝게 생각했다고 합니다. 그런데 그 엄마가 집에 돌아가서 놀라운 기적을 보게 되었습니다. "제가 교회에서 아이들을 위하여 기도하고 있는 그 시간에 저의 집에서는 갓난 아기의 온 몸에 금가루가 소복하게 내리고 있었습니다. 제가 가서 뿌려준 것도 아니고 시공을 초월하여 하나님이 은혜의 선물로 내려주신 것입니다." 하나님은 그 젊은 엄마의 안타까운 마음을 위로하시면서 그 아기도 주님께서 돌보시고 사랑한다는 표시로 금가루를 아기의 온 몸에 뿌려주신 것입니다.

이러한 천상의 선물을 마술에 의한 것이라고 말하는 사람들은 현대판 바리새인들입니다(마 12:22-32). 주님은 이러한 자들에게 표적을 보여주기를 거절하셨습니다. 왜냐하면 이들은 표적을 보고 믿으려고 한 것이 아니라 예수님을 곤경에 빠뜨리려고 하였기 때문입니다. 그래서 주님은 그들에게 '요나의 표적' 뿐이 보여줄 것이 없다고 하셨습니다. 요나의 설교를 듣고 니느웨 성이 회개한 것처럼 예수님의 설교를 듣고 바리새인들이 회개한다면 그것처럼 하나님이 살아계심을 나타내는 표적은 없을 것입니다. 예수님은 그들이 표적을 보는 것이 중요한 것이 아니라 회개하고 믿음으로 돌아와서 살아계신 하나님을 기쁘게 하는 것이 더 중요한 것임을 알고 계셨습니다.

"악하고 음란한 세대가 표적을 구하나 요나의 표적 밖에는 보여 줄 표적이 없느니라 하시고 그들을 떠나가시니라"(마 16:4).

이것은 표적을 보는 것이 잘못된 것이 아니라 그 표적을 구하면서 잘못된 동기를 갖고 예수님을 곤경에 빠트리려고 하는 것이 잘못된 것입니다. 표적을 통하여 하나님께 영광을 돌리려고 하는 것이 아니라 오히려 예수님이 잡혀갈 수 있는 빌미를 찾으려고 하는 그들의 속셈을 주님은 이미 아셨기 때문에 그곳에서는 기적을 베푸시지 않으셨습니다. 또한 고향에서도 믿지 않았기 때문에 기적을 베푸시지 않으셨습니다. 그러나 다른 장소에서는 놀라운 기적들을 마음껏 베푸시고 보고 듣고 만지게 하셨습니다.

또한 어떤 분들은 보지 않고도 믿는 자가 복되도다 라는 말씀이 있는데 왜 하나님이 보여주시겠느냐? 그것은 사탄의 역사라고 말하는 분들도 있습니다. 하지만 복음서를 자세히 읽어보십시오. 예수님의 목회는 모두가 보여주는 목회였습니다. 가는 곳마다 각색 병든 자가 고침을 받았고, 물 위를 걸으셨고, 죽은 자를 살리셨습니다. 그래서 그때에도 주님은 비판을 받으셨고 안식일의 법을 어긴 사람으로 대제사장들이나 종교인들이 어떻게 해서든지 잡으려고 혈안이 되어있었던 대상이었습니다. 그러나 창조주 하나님이 계시는 곳에는 어디에서나 창조적 기적이 일어납니다. 이 기적은 어디에서도 제한받을 수는 없으며 그분이 걸어 다니시는 곳마다 기적은 일어납니다. 예수님은 성경에 나타났던 기적만 다시 일으키시는 분이 아니라 요사이 새롭게 나타난 모든 질병도 치유해주시는 분이십니다.

예수님은 도마에게 "보지 못하고 믿는 자들은 복 되도다."라고 말씀하셨지만 보고 믿는 것이 잘못된 것이라고 말씀하지 않으셨습니다. 예수님이 여기에서 강조하고 있는 것은 도마가 하도 보아야만 믿을 수 있었기 때문에, 의심이 많은 도마에게 믿음을 가지라고 강조하고 계신 것입니다. 성경에는 여러 곳에서 보는 것에 대하여 긍정적으로, 축복으로 말씀하고 계십니다.

"제자들을 돌아보시며 조용히 이르시되 너희가 보는 것을 보는 눈은 복이 있도다"(눅 10:23).

2. 메누하와 기름부음사역

오래 전부터 저는 이런 말을 하는 분들을 아주 불쾌하게 생각했습니다. "말씀만으로 목회를 할 수는 없어, 성령의 역사가 있어야 하고 기름부음이 있어야 돼." 저는 이 말을 이해할 수가 없었습니다. 말씀만으로는 안 된다는 말이 이해가 되지 않았던 것입니다. 그런데 5년 전에 하나님께서 저에게 특별한 방법으로 기름부음에 대한 것을 이해하고 그 사역으로 들어가도록 인도하여 주셨습니다.

기름부음이라는 말은 누구나 사용하지만 실제로 이 말을 잘 이해하는 사람은 많지 않습니다. 기름부음은 구약시대에 왕, 선지자, 제사장을 세울 때 행했던 의식이었습니다. 머리에서부터 발끝까지 흘러내리는 기름을 붓고, 신성한 하나님의 일을 시작하게 하였습니다. 어떤 의미에서 이것은 거룩한 구별이고, 아주 신성한 예식이었습니다. 그런데 이제 왕 같은 제사장, 선지자로서의 사명을 이어가는 모든 그리스도인들에게 하나님은 기름부음을 부어주십니다. 천상의 것을 부어주십니다. 기쁨을 부어주시면 기쁨의 기름부음이고, 치유의 기름부음을 부어주시면 치유의 기름부음이 됩니다. 예수님도 언제나 사역을 나가시기 전 하늘로부터 능력과 성령을 기름 붓듯 받으셨습니다.

"하나님이 나사렛 예수에게 성령과 능력을 기름 붓듯 하셨으매 그가 두루 다니시며 선한 일을 행하시고 마귀에게 눌린 모든 사람을 고치셨으니 이는 하나님이 함께 하셨음이라"(행 10:38).

하나님으로부터 오는 것을 기름 붓는 형식으로 부어주시는 것이 기름부음입니다. 기름부음을 받게 되면 어지럽기도 하고 쓰러지기도 합니다. 이사야도 거룩한 영광 앞에서 쓰러졌고, 다니엘과 사도 요한도 능력 앞에 쓰러졌습니다. 천상에서 부어주시는 것을 받을 때에 이렇게 쓰러지며 어지럽고 손을 떠는 등 특정한 행동이 나타나는 수가 있습니다. 하지만 지혜의 기름부음이나 가르침의 기름부음이 임할 때에는 그런 현상이 나타나지 않습니다.

어느 대형교회 원로목사님이 설교하시면서 "집회 가운데 쓰러지거나 금가루가 내리는 것은 이단이다."라고 말씀하셨다고 합니다. 그렇다면 성경에 나오는 이사야, 에스겔, 다니엘, 사도 요한은 이단입니까? 그리고 예수님 앞에서 군인들이 모두 쓰러졌다면 예수님도 이단입니까? 거룩한 임재 앞에서 한 번도 쓰러져 보지 못하였다면 이 영광스러운 체험을 이단이라고 정죄하기가 쉽습니다. 하나님께서는 우리와 다른 차원에 계시기 때문에 영원이 시간 속으로 침투해 들어올 때에는 마치 다른 세계가 우리 안으로 들어오는 것 같아서 쓰러지거나 떨리거나 하는 특별한 현상이 나타납니다. 성경에는 죽은 자와 같이 쓰러졌다라고 표현되어 있습니다. 살아계신 하나님께서 어제나 오늘이나 내일이나 동일하신 분이시라면 지금도 그분의 거룩한 임재 앞에서 쓰러지는 것이 얼마나 당연한 일입니까? 쓰러지지 않는 것이 저는 오히려 이상할 정도입니다.

저도 그런 경험을 해 보지 못하였다가 처음 그런 경험을 하게 되었을 때에, 하나님께 이렇게 기도하였습니다. "주님, 이것이 능력 아래 쓰러지는 것이라고 한다면 아무도 없는 곳에서 저 혼자 조용히 쓰러지게 해 주세요. 교인들 앞에서 전도사가 쓰러지는 것이 너무 부끄럽습니다."라고 기도한 적이 있었습니다. 그러나 어느 날 저는 거부할 수 없는 강력한 능력 아래에 들어갔으며 몸이 마치 마비된 것 같은 상태에서 2시간동안 입신을 하는 경험을 하게 되었습니다. 이런 신성하고도 거룩한 경험이 우리의 목회를 얼마나 다르게 만드는지 아무도 모를 것입니다. 이 놀라운 체험, 능력 아래 쓰러지는 체험처럼 귀한 것은 없습니다. 그렇다고 능력 아래 쓰러지는 것만을 추구하라는 뜻은 아닙니다. 쓰러져도 좋고, 안 쓰러져도 좋지만, 쓰러짐에 대하여 이해를 하지 못하고 이단이라고 말하는 분들이 교단의 어른목사님들이라는 것이 너무나 마음이 아픕니다. 평생을 한 번도 임재 앞에서 쓰러져 보지 못하고 어떻게 하나님의 거룩함을 전할 수가 있었을까요? 아마 그럴 수 있다고 말씀하시는 분들도, 이러한 체험을 실제로 하고, 거룩한 하나님의 보좌 앞에서 죽은 자와 같이 쓰러짐을 체험하게 되면 더욱 생생하게 증인의 삶을 살게 되리라 믿습니다.

저는 실제로 이러한 쓰러짐으로 인하여, 능력 아래 죽음으로 인하여 병원에도 실려 갔습니다. 병원에서는 아무 이상이 없다고 하였지만 저는 너무나 강력한 주님의 임재 앞에 죽은 자와 같이 된 적이 한 두 번이 아니었습니다. 주님은 저에게 천국에 대한 간증을 하라고 천국으로 부른 것이 아니라 '완전한 죽음'이 어떤 것인지 체험하도록 부르셨다고 말씀하셨습니다. 하나님 앞에서 제가 완전히 죽음으로, 제가 죽고 그리스도께서 완전하게 현현될 수 있다는 것처럼 놀랍고 영광스러운 체험은 없었습니다. 그리고 그 놀라운 체험이 저의 목회를 변화시켰습니다. 그것은 그분 말씀에 순종하는 목회로 변화된 것이었습니다. 그 놀라운 분 앞에서 순종하지 않는다는 것은 이제 저에게 상상도 할 수 없는 일이 되었기 때문입니다. 온 우주의 주인이시고, 저의 생명의 주인이시고, 영원히 영광 받으시기에 합당하신 그분께서, 지혜와 능력과 사랑과 영원이신 그분께서 명령하는 것을 불순종한다는 것은 상상할 수도 없는 일이었습니다. 만일 제가 불순종한 다면 실제로 저는 그분을 믿는 것이 아니고 단지 정보(information) 로만 알고 있거나, 내가 하는 목회를 돕는 분 정도로만 이해하고 있는 것이라고 믿습니다.

기름부음은 특별한 어떤 부분에서만 주어지는 것이 아니고 모든 사역에 부어주시는 사건입니다. 가르치는 자에게 기름이 부어지면 천상의 지혜로 가르치게 됩니다. 치유의 시간에 기름 부음이 있게 되면 놀라운 치유의 기적이 나타납니다. 슬픔에 사로잡힌 자에게 기름이 부어지면 기쁨의 춤을 추게 됩니다. 자녀 교육에 기름이 부어지게 되면 자녀들이 하나님의 지혜로 교육을 받게 됩니다. 가정에서도 목회에서도 어디에서도 기름부음이 필요합니다. 기름부음을 받게 되면 나의 지혜, 나의 능력, 나의 계획으로 목회나 가정을 이끌어가는 것이 아니라, 천상의 지혜, 능력, 계획으로 이끌어가게 됩니다.

기름 없이 자동차가 달릴 수 없는 것처럼 모든 인생이 기름부음이 없이 제대로 정도를 걸어갈 수가 없습니다. 기름이 없이 인생이 달릴 때에는 너무 힘듭니다. 하지만 위로부터 오는 기름부음에 힘입어 일을 할 때에는 모든 것에 형통하게 됩니다.

사실 저는 사업하는 사람이 아닙니다. 그러나 하나님께서 저에게 건강식품을 시작하게 하셨습니다. 시작하게 하실 때부터 저에게 지혜를 주셨습니다. 아이템도 어떤 것을 하면 좋을지 알려주셨습니다. 어떤 조직을 통하여 일을 해야 하는지 알려주셨습니다. 이것은 사업을 위하여 하나님이 기름부음을 주셨기 때문입니다.

또한 저는 설교노트나 세미나 노트가 없습니다. 저는 아무 노트도 없이 강단에 섭니다. 강단에 서서 설교할 때에도 하나님께서 인도하여 주시고, 설교가 끝나고 치유집회를 할 때에도 하나님이 인도하여 주십니다. 저는 어떤 형태로, 어떤 방식으로 기도회를 인도하여야 할지 정하고 강단에 올라간 적이 없습니다. 그러나 기도회가 시작이 되면 하나님께서 기름 부어 주시고 알게 하시고 움직이도록 인도하여 주십니다. 그래서 저와 함께 동역을 하시는 분들은 저에게 어떻게 매번 다른 방식으로 새로운 메시지를 전할 수 있느냐고 물어봅니다. 그것은 전적으로 저에게서 나온 것이 아닙니다. 그래서 설교가 끝나고 기도회가 끝나면 기억을 하지 못합니다. 그 설교와 기도회 형식을 다음에 다시 적용할 수 없는 것은 제가 준비한 것이 아니라 하늘로부터 지혜를 주셔서 한 것이므로 제가 기억하지 못하여 다시 사용하지 못하기 때문입니다. 그래서 항상 저의 집회는 설교도 다르고 기도회 형식도 다릅니다.

만일 제가 일일이 노트를 쓰고 기도회 형식을 정하고 강단에 올라가야 한다면 저는 365일 집회를 인도하지 못합니다. 그러나 하나님께서는 강단에 올라가면 기름 부어 주시고 하늘의 지혜와 방법으로 기도회를 인도하게 하시고 말씀을 선포하게 하십니다. 그래서 저도 가장 두려운 것이 저에게서 기름부음이 떠나는 것입니다. 저도 13년 신학을 공부한 노트가 있지만 그것으로는 집회를 인도할 수가 없습니다. 자비로우신 하나님께서 항상 저에게 은혜를 베풀어주시고 새로운 말씀과 계시를 부어 주시지 않으면 이 사역을 계속할 수가 없습니다. 그러시면서 이렇게 말씀하셨습니다.

"너는 나실인이다. 네가 만일 음란한 것을 네 눈으로 보고 행한다면 삼손이 머리털이 잘림으로 능력이 떠난 것처럼, 나도 너에게서 능력을 거두어 갈 것이다. 거룩하라. 내가 거룩한 것처럼 너도 거룩하라."

음란한 것을 보는 순간, 기름부음이 떠나버린다고 합니다. 얼마나 무서운 일입니까? 그래서 저는 모텔에 들어가는 순간부터, 모텔 전체에 기름을 붓고, "주님, 이곳이 주의 성소가 되게 하여 주옵소서!"라고 기도하며 거룩한 신부로서의 삶을 잃어버리지 않으려고 주님의 도움을 구합니다. 마음의 음란도 용납하지 않고 승리하려고 기도합니다. 가장 무서운 것은 음란함으로, 부패

함으로 이 기름부음이 저에게서 떠나는 것이며 주님이 저로부터 얼굴을 돌리는 것입니다. 저는 나실인의 삶을 살 수 있도록 주시는 기름부음을 날마다 구하며 살아갑니다. 기름부음 없이 하는 모든 일들이, 공허하며 열매가 없다는 것을 누구보다도 잘 아는 저로서는 기름부음만큼 중요한 것이 없습니다.

저는 1989년부터 부흥회를 인도하고 다녔는데 항상 부흥회가 끝나면 무엇인가 2% 부족하다는 것을 깨달았습니다. 그것이 무엇일까? 항상 궁금하였습니다. 그때에는 설교를 중심으로 90분씩 하였는데 설교가 끝나고 나면 저는 "은혜 받은 말씀을 붙잡고 기도하세요."라고 짧은 기도의 시간으로 인도하였습니다. 그때에는 설교를 조리 있게 잘하면 기뻤고, 그렇지 않으면 수치심에 잠을 이룰 수가 없었습니다. 설교를 하면서 저의 명예를 세우고, 제가 설교를 얼마나 잘 하느냐에 초점을 두었습니다. 실로 인간적인 부흥회 인도였습니다.

그러나 5년 전부터 시작된 기름부음 사역에서 제가 깨달은 것은 지금까지 집회에서 2% 부족하게 느꼈던 것이 하나님으로부터 오는 능력, 위로부터 부어지는 능력이라는 것을 알게 되었습니다. 저의 집회에 능력이 없었던 것입니다. 주님과의 거룩한 대면이 없었던 것을 깨달았습니다. 하나님에 대한 조리 있는 설명은 장황하였지만 하나님과의 거룩한 만남으로 인도하지 못하였다는 것을 알았습니다. 그 능력, 저는 기름부음이 없었기 때문이라는 것도 알았습니다.

5년 전부터 기름부음 사역을 하게 되었습니다. 그때보다 설교가 더 어눌하고 조리 있게 말씀을 전하지 못해서 저 자신이 실망하고 부끄러웠음에도 불구하고 기름부음이 임하면서 회개가 일어나고 치유가 일어나고 더 큰 능력이 나타나 귀신들이 떠나가기 시작하였습니다. 그리고 천상의 체험을 하게 되고 영적 오감들이 열리기 시작하였습니다. 기도의 문이 열리고 찬양이 열리고 말씀을 헐떡이며 읽게 되었습니다. 영적 경건의 삶의 확실한 변화가 주어졌습니다. 바로 이것이었습니다. 제가 2% 부족하다는 것이 제가 전한 98% 말씀보다 더 중요한 기름부음이었습니다. 98%의 말씀이 2%의 기름부음으로 레마가 되고 기적이 되고 사람이 변화되는 표적으로 나타나기 때문이었습니다. 결국에 저는 가장 중요한 것을 가지지 못한 채 부흥회를 인도하였다는 것을 알았습니다.

그렇다고 제가 지금 100% 만족하는 것이 아닙니다. 저의 만족은 주님에게 아무 의미가 없습니다. 저는 그저 무익한 종이기 때문입니다. 하지만 하나님께서 기름 부어 주셔서 기름부음 집회가 되고 세미나가 되게 해 주시기를 저는 목마르게 원하고 있습니다. 이 사역이 깊어지면 깊어질수록 저는 한계에 도달하며 더욱 더 목마르게 됩니다. 저의 것으로는 영혼의 목마름을 채워줄 수가 없다는 것을 뼈저리게 깨닫기 때문입니다. 설교가 좀 부족하고 어눌하고 조리가 없어도 만일 살아계신 주님을 강력하게 전달할 수 있다면 좋겠습니다. 그래서 저는 항상 기름부음 앞에 겸손하게 무릎을 꿇지 않을 수가 없습니다. 주님, 주님이 직접 일하여 주시옵소서!!

3. 메누하와 목회자 학교

메누하 사역이 처음 시작될 때에는 능력치유집회를 주로 하였습니다. 찬양과 기도, 말씀, 그리고 치유집회를 통하여 기적을 체험하고 능력을 체험하였습니다. 그래서 능력 아래 쓰러지기도 하고, 능력 아래 들어가 떨기도 하였습니다. 또한 우리가 기대하지 못한 이상한 행동들이 나타나기도 하였고, 능력아래의 쓰러짐을 체험하면서 어떤 이들은 충격을, 어떤 이들은 거부하는 마음을, 어떤 이에게는 반발과 대적하는 마음을, 어떤 이들에게는 공포와 두려움을 주기도 하였습니다. 첫 번 집회에 참석한 분들, 또한 믿은 지 얼마 안 되는 분들은 공포심을 갖기도 하였습니다.

또한 큰 기대를 하고 집회에 참석하여 몇 번 쓰러지기도 하였던 목회자와 사모들, 그리고 평신도들은 교회로 돌아가서 계속

의구심을 갖습니다. "그래, 이렇게 몇 번 쓰러졌다고 나에게 달라진 것이 무엇이야? 목회가 달라졌어? 아니면 내 기도 생활이 달라졌어? 그때에만 반짝 충만하지 아무 것도 아니네." 그러면서 한 번 집회에 온 후 소식이 끊어진 분들이 많습니다. 그리고 다른 사람들이 물어봅니다. "자네, 메누하에 가서 어떠했는가?" "별 것 아니야. 능력 아래 쓰러진다는데 밀어서 쓰러진 것인지, 아니면 쓰러져 준 것인지 모르겠어. 별로 달라진 것도 없어."

그리고 메누하에 대한 소문을 간접적으로 들은 분들은, "너무 신비적인 것 아니야?"라고 평가하기도 하였고, 메누하에 대하여 소식을 들으면 "그 금가루가 내리는 집회? 이상한 것 아니야?"라고 반응하시는 분들도 있었습니다. 지난 번 만난 신학대학 교수는 윤남옥 목사가 은사를 훈련시킨다는 것에 대해 이해할 수 없다고 하여서 은사를 훈련시켜서 가지게 하는 것이 아니라 임파테이션 되는 것이라고 설명해 주었지만 그분은 이러한 세계에 대하여 이해하지 못하는 것 같았습니다. 신학대학 교수인지라 마음을 열고 이해하는 것처럼 말은 하지만, 자신의 이성으로는 도저히 용납이 안 된다는 표정이었습니다.

그래서 저는 지속적인 교육과 훈련이 있어야 한다는 것을 알았습니다. 한 번 집회에 와서 능력 아래 쓰러진 것을 메누하의 전부인 것처럼 말하는 분들을 위하여, 또한 메누하에서 경험한 좋은 것들을 평신도들과 나누면서 교회에 적용하도록 하기 위하여 메누하 목회자 학교와 사모 학교를 시작하였습니다.

이 지도자 학교는 다섯 번 세미나(3박 4일)에 참석하게 되면 졸업을 하게 됩니다. 메누하 사역의 신학적인 기초를 가르치고, 메누하 사역이 교회에서 적용이 되도록 교재를 만들고, 직접 이 사역의 리더가 되기 위하여 은사와 능력의 임파테이션을 받도록 합니다.

감사한 것은 이 지도자 학교에 와서 기름부음을 배우고 실천하는 많은 교회가 치유 받고 성장을 합니다. 하나님은 우선 그 목회 현장의 땅을 갈아엎기를 원하십니다. 용기 있는 자들은 주님과 함께 새롭고 기름진 땅을 만들어가지만 용기 없는 자들은 이러한 사역에 대하여 반기를 들고 무엇인가 잘못되었다고 말합니다. 하지만 기름부음을 충만히 받고 이러한 목회를 하려고 목마른 자에게 하나님은 충만하게 부어주시고 계십니다.

또한 이 지도자 학교에 오신 목사님들과 사모님들 사이에 소그룹의 교제가 일어나서 곳곳에서 기도회를 인도하며 매주 모임을 갖게 되기도 하였습니다.

목회에 기름부음이 없다면 목회는 바리새인의 목회와 다를 바가 없습니다. 바리새인들은 그렇게 말씀을 잘 알고 있고, 성경을 다 외우고 있음에도 불구하고 한 번도 "일어나 걸어라. 예수 그리스도의 이름으로 명하노니 귀가 열릴지어다. 암세포는 떠날지어다. 휠체어에서 일어날지어다."라고 명령을 해 본 적이 없습니다. 그것은 말씀은 있지만 그 말씀에 싹이 트게 할 성령의 생수가 부어지지 않는 목회라는 것을 의미합니다. "와서 보라." 이렇게 말할 수 있는 기적의 현장이 일어나지 못하고, 듣는 목회에 치중합니다. 우리만의 전문적인 것을 찾지 못하고 세상을 따라갑니다. 상담, 행정, 프로그램으로 교인들을 그 교회에 앉혀 놓습니다. 그러나 하나님께서 기름부음으로 교인들에게 함께 하시면, 보고 듣고 하는 기적이 교회 안에서 일어나게 되며, 이들은 곧 교회 밖으로 뛰어나가서 "와서 보라."라고 외치게 됩니다.

기름부음이 있는 곳에서는 날마다 이러한 기적의 드라마가 일어나고 있습니다. 우리가 말씀에 순종하고 주님의 명령대로 대언하기만 하면 죽은 자들이 일어나고 병든 자들이 고침을 받고, 중독된 자들이 놓임을 받습니다. 기름부음을 받게 되면 목회자 자신의 목회가 아니라 하나님이 하시는 목회를 하게 됩니다. 목회자의 힘과 지혜로 하는 목회가 아니라 위로부터 공급받는 능력과 지혜로 목회를 하게 됩니다. 목회자 학교는 이러한 목회를 하도록 돕습니다. 어제나 오늘이나 내일이나 언제나 동일하신 주님께서 사도행전의 모든 역사를 그대로 지금도 이곳에서 행하신 다는 것을 믿고 나가게 합니다. 그런 것이 가능한 것은 자신의 힘으로 하는 목회가 아니라 위로부터 공급받는 목회를 하기 때문입니다. 지도자 학교는 나의 목회가 아니라 하나님의 목회라는 것을 깨달아서, 그분이 목회하시도록, 그분으로부터 기름부음을 공급받는 것을 배우게 합니다.

또한 메누하 사모 학교도 목회자 학교와 같이 열립니다. 메누하 사모 학교는 사모들에게 귀한 안식처입니다. 사모들이 와서 상처와 아픔, 스트레스, 어려움을 서로 나누고 대화하며 치유를 받고 갑니다. 사모의 병은 사모 모임에서 치유됩니다. 사람에게 상처를 받은 것은 사람을 통해 치유를 받아야 합니다. 같은 상처를 갖고 있는 사모들에게 사모 학교는 깊은 안식을 줍니다. 이곳에서 메누하를 누리고 나가는 사모들이 목회에서 자유함을 얻고 있습니다. 대형교회 사모 신드롬에서도 자유할 수가 있습니다. 하나님은 큰 것을 원하시는 것이 아니라 하나님의 뜻에 순종하는 교회를 원하시기 때문입니다.

사모의 정체성을 아는 치유, 이것처럼 중요한 것이 없습니다. 내가 누구냐를 알 때에 내가 무엇을 해야 하는 가를 알고 있습니다. 한 사모님은 간증하기를 지금까지 자신은 남편목사님의 아내라는 생각을 해 본적이 없고 함께 일하는 일꾼이라고 생각을 했다고 하였습니다. 그 사모가 아내라는 자리를 발견하였을 때,

그 목회는 더욱 아름다워지고 기름지게 되었습니다.

4. 메누하와 건강식품사역

2009년 9월경에 하나님은 저에게 이런 말씀을 주셨습니다.

"앞으로 7년 기근, 영적으로 육적으로 기근이 다가온다. 그때에 너는 요셉처럼 미리 준비하여 너의 가족들을 전부 먹여 살릴 것이다. 그러나 너는 너의 빚을 먼저 갚도록 하라. 기근이 오면 제일 힘든 사람이 빚으로 살아가는 사람이다. 네가 빚을 갚고 너의 가족들을 먹여 살릴 수 있도록 3-4년의 시간을 허락할 것이다."

제가 이런 예언의 말씀을 가족들에게 하면 가족들이 불쾌하게 생각하는 것 같았습니다. "자기가 무슨 재주로 식구들을 다 먹여 살려?"라고 비웃는 것과도 같았습니다. 그런데 하나님의 방법은 오묘합니다. 지난해 12월, 하나님은 저에게 골드 아마씨 가루(golden flax seeds)를 한국에 수입할 것을 말씀해주셨습니다. 그런 생각은 저의 머리에 없었던 것이고, 제가 사업을 하게 되리라고는 꿈도 꾸지 않았습니다. 하지만 저는 주님이 말씀하시면 순종합니다. 주님은 "네가 사업을 하는 것을 두려워 말라. 내가 함께 하겠느니라. 사도 바울은 사업을 하면서도 누구보다도 더 많이 전도를 하였다. 어떤 이들은 전적으로 목회만 한다고 하면서 평생 한 명도 전도하지 않는다."라고 말씀하시면서 제가 사업을 하는 것을 격려해 주셨습니다.

사업이 시작되었습니다. 아마씨 가루 등, 땅에서 나는 천연 영양제를 수입하여 판매하게 되었습니다. 그리고 대리인 모집을 하여 그들로 하여금 각각 있는 지역에서 제품을 팔 수 있도록 하였습니다. 이러한 사업으로 인하여 하나님은 메누하의 수입을 주시고 그 수입으로 헤븐 랜드(heaven land)를 이 땅에 건설하게 하시겠다고 약속을 주셨습니다. 헤븐 랜드 사역은 천국의 모형을 그대로 이 땅에 건설함으로써, 그곳을 방문하는 모든 이들에게 천국의 아름다움과 실제를 보게 하고, 정말 살아계신 하나님이 약속하신 우리들의 집, 새 하늘과 새 땅을 소망하며 살아가도록 돕고자 하는 사역입니다. 우리가 들어서 아는 천국, 성경에서 읽어본 천국, 그 천국이 우리 눈앞에 실제가 되어 나타나서 볼 수 있다면 그 체험은 더 생생하게 믿음의 사건으로 연결될 것입니다. 저도 천국을 방문한 후에, 저의 인생과 목회가 달라졌습니다. 천국이 중요한 것이 아니라 보좌 우편에 앉아계신 주님의 영광을 보고 온 것이 중요한 것이었습니다. 살아계신 주님을 뵙고 온 다음부터 저의 목회가 달라졌습니다. 그때부터 저는 순종이 절대적인 것이며 그 영화로운 분 앞에서 거절이나 불순종은 말도 안 되는 것임을 깨달았습니다. 저는 그 헤븐 랜드를 건설하기 위하여 하나님께 천국 전체를 제가 다시 한 번 더 방문할 수 있게 해 달라고 기도하고 있습니다.

시작하고 나니 가족들을 먹여 살린다는 말씀이 이해되었습니다. 저에게 있는 돈으로 그들을 돕는 것이 아니라 그들이 스스로 살아갈 수 있는 길을 열어준 것입니다. 그러므로 생선을 나누어 주는 것이 아니라 생선을 잡을 수 있는 길을 열어주는 것입니다. 홀사모님들 같은 경우는 어떤 자본도 없이 대리인으로 일하실 수 있도록 돕고 있습니다. 그리고 가족이라는 말도 다시 이해가 되었습니다. 저는 우리 친척, 자매들을 의미하는 것이라고 생각했는데 저희 카페에 들어오는 모든 분들, 메누하 사역에 동참하는 모든 분들이 가족이라는 것을 알게 되었습니다.

"그때에 예수의 어머니와 동생들이 와서 밖에 서서 사람을 보내서 예수를 부르니 무리가 예수를 둘러앉았다가 여짜오되 보소서 당신의 어머니와 동생들과 누이들이 밖에서 찾나이다 대답하시되 누가 내 어머니이며 동생들이냐 하시고 둘러앉은 자들을 보시며 이르시되 내 어머니와 내 동생을 보라 누구든지 하나님의 뜻대로 행하는 자가 내 형제요 자매요 어머니이니라"(막 3:31-35).

메누하는 온전하고 전인격적인 치유를 꿈꿉니다.

메누하는 시간의 치유를 꿈꿉니다.

과거의 상처는 과감하게 작별하고 새 일을 행하시는 하나님의 미래를 바라보도록 합니다.

미래는 여호와 이레의 하나님을 바라보면서 소망을 가지게 합니다.

현재는 임마누엘의 하나님과 함께 동행하며 자유와 기쁨, 행복을 누리도록 합니다.

메누하는 육적인 치유, 영적인 치유, 상한 감정의 치유, 가족 계보의 치유, 귀신들린 자의 치유, 땅의 치유에 관심이 있습니다. 그리고 가난의 치유에도 물론 관심이 있습니다. 그리고 메누하는 음식과 운동을 강조하여 안수기도만 받게 하는 것이 아니라 스스로 몸을 청지기하는 것을 가르칩니다. 이것을 위하여 메누하 건강캠프가 예비되어 있습니다.

한국인들은 안수를 받는 것에 너무 열심입니다. 서로 더 받으려고 합니다. 마치 한약을 몇 첩을 먹어야 만족하듯이 기도도 여러 번 받으면 더 효과가 있다고 생각합니다. 안수기도를 시작하면 끝도 없이 기다리는 사람들로 인하여 기도를 시작하기도 전에 힘이 빠지는 경우도 있습니다. 언제 이 사람들을 다 기도해 줄 수 있겠습니까? 시작하기도 전에 겁부터 납니다. 그런데 그렇게 땀 흘려 기도를 해 주지만 정작 집으로 돌아가서 스스로 자기 몸을 청지기 하지 않습니다. 그렇다면 하나님도 더 이상 그들을 도와주지 못하십니다.

건강은 동역입니다. 하나님이 하늘에서도 도와주어야 하지만 땅에서 우리들이 해야 할 일은 우리가 해야 합니다. 건강한 음식, 건강한 운동, 이 모든 것이 다 필요합니다. 안수기도에만 의존하고 자신은 매일 게으르게 몸을 보살피지 않으면 언젠가는 몸이 여러분을 공격합니다. 대접을 받고자 하는 대로 대접을 해야 합니다. 몸을 잘 대접하면 몸도 나를 잘 대접해줍니다. 몸을 아껴주면 몸도 우리를 아껴줍니다. 우리가 땅을 대접해 주지 않아서 땅이 노했고, 그 노한 땅이 인류의 생존을 위협하고 있습니다. 땅을 병들게 하고, 땅을 노하게 한 자가 누구인가요? 그들을 향해 땅이 분노를 갖고 돌진하고 있습니다. 우리 몸도 마찬가지입니다. 우리가 몸을 돌보지 않으면 몸도 우리를 돌보지 않습니다(고전 9:25-27, 딤전 4:8).

예수님은 "땅에서 나는 음식을 먹어라."라고 명령하셨습니다. 그리고 하루에 한 시간씩 운동하라고 명령하셨습니다. 가장 힘든 것이 바로 하루에 한 시간씩 운동하는 것입니다. 스케줄이 빡빡한 저로서는 운동을 계속 한다는 것이 힘듭니다. 하지만 음식은 되도록 땅에서 나는 것을 먹으려고 합니다. 아마씨 가루와

마크로 그린(macro greens/38종의 허브가루, 주로 싹튼 보리싹), 그리고 래드(miracle reds/42여 종의 항산화과일가루)는 매일 계속되는 메누하 치유사역을 위하여 제가 꼭 챙겨 먹는 건강식품입니다. 내가 내 몸을 돌보지 않는 한, 그 어느 누구도 내 몸을 대신해서 살아 줄 사람은 없습니다. 메누하에서는 이렇게 영적인 치유와 함께 건강한 식품, 운동을 권장하며 실제적으로 그 식품들을 공급하고 있습니다.

메누하의 열매

"나무도 좋고 열매도 좋다 하든지, 나무도 좋지 않고 열매도 좋지 않다 하든지 하라 그 열매로 나무를 아느니라"(마 12:33,34).

예수님 시대에도 예수님에 대한 비난이 그칠 줄을 몰랐었습니다. 그 시대의 기득권을 잡고 있는 바리새인들, 서기관들, 산헤드린 회원들, 대제사장들, 회당장들에게는 예수님이 두려움의 존재였습니다. 자신들이 할 수 없는 것을 하고 있기 때문입니다. 그래서 그들은 자신의 안정된 자리가 흔들릴 것이 두려웠습니다. 그들은 근거도 없이 예수님을 신성 모독죄와 정치적 선동죄로 고소하였습니다(마 26:65, 눅 23:5). 천국에는 바리새인들을 위한 자리가 없습니다. 그들은 예수님으로부터 독사의 자식들이라는 말을 들었습니다. 그들은 기적이 무엇인지 깨닫지 못한 것이 아니라 단지 두려웠던 것입니다. 기적이 일어나지 않고 지키기만 하는 율법주의자들인 그들은 생명이 두려웠습니다. 기적이 두려웠습니다. 그래서 모든 사람들이 자신들을 떠나 예수님에게로 몰려가는 것이 두려웠습니다. 그래서 자신의 수입이 줄어들고 목회가 흔들리는 것이 두려웠습니다. 그들이 모르는 것이 아니라 그들이 할 수 없으므로 반대를 위한 반대를 해야 했습니다.

그러나 성경 말씀에서 위로를 받습니다. 열매를 보고 나무를 안다는 것입니다. 메누하의 열매는 메누하가 무엇인지 알려줍니다. 메누하의 열매는 생명, 자유, 기쁨, 부요입니다. 이러한 열매가 곳곳에서 맺히고 있습니다. 메누하에 오는 자들은 육신적인 치유뿐만 아니라 영적, 경제적, 관계의 치유를 받습니다. 그래서 기쁨의 기름부음이 충만합니다.

"무릇 시온의 슬퍼하는 자에게 화관을 주어 그 재를 대신하며 기쁨의 기름으로 그 슬픔을 대신하며 찬송의 옷으로 그 근심을 대신하시고 그들의 의의 나무 곧 여호와께서 심으신 그 영광을 나타낼 자라 일컬음을 받게 하려 하심이라"(사 61:3).

잘못된 영성운동은 하나님의 영광을 가로채고 자신이 예배를 받으려고 합니다. 그것이 바로 사탄의 일입니다. 예수님, 곧 하나님의 아들이 나타나신 것은 그 사탄의 일을 멸하려 하기 위함입니다.

"죄를 짓는 자는 마귀에게 속하나니 마귀는 처음부터 범죄함이라 하나님의 아들이 나타나신 것은 마귀의 일을 멸하려 하심이라" (요일 3:8).

구체적으로 마귀의 일은 어떤 것일까요? 마귀의 일은 간단합니다. 자신이 하나님이 되려고 하는 것이며 자신의 왕국을 세우려는 것입니다. 자신이 바벨탑을 세워 하늘 꼭대기까지 닿고자 하는 것입니다. 선악을 알게 하는 나무의 실과를 먹으면 "눈이 밝아 하나님처럼 된다."고 뱀이 속였던 것처럼 마귀의 일은 눈이 밝아 하나님처럼 되는 것이고 자신이 경배를 받는 것입니다. 이 일을 멸하기 위하여 하나님의 아들이 오셨습니다.

열매는 드러납니다. 그 열매가 하나님께 영광을 올리고 그분이 이름을 높여드리고, 그분이 기쁨을 누리신다면 그 열매는 훌륭한 것입니다. 그러나 그 열매가 하나님의 자리, 모세의 자리를 차지하게 만든다면 그 열매는 분명히 하나님으로부터 온 것이 아닐 것입니다.

우리는 메누하의 열매가 하나님께 영광을 올려드리는 진실한

열매가 되기를 기도합니다. 하나님의 자리를 누가 차지하여도
안 되고, 대신 하나님의 영광을 자신이 누려서도 안 됩니다. 누
구나 자신이 철저하게 깨어있지 않으면 복음으로 시작하여 잘못
된 곳으로 빠져갈 수가 있습니다. 메누하는 깨어서 기도하며 포
도나무에 접붙임을 하여 생명의 열매를 맺어야 합니다. 교만은
사탄이 틈을 타고 들어오는 직접적인 통로이기 때문입니다.

기적이 일어나는 것은 좋은 일입니다. 그것은 사도행전의 역
사가 그대로 나타나는 성령의 역사이기 때문입니다. 그러나 그
기적으로 인하여 기적을 섬기고, 그 기적을 과대포장하고 그 기
적을 자신이 일으킨 것으로 생각하면 그때부터 잘못된 길로 들어
가는 것입니다. 그러므로 기적 자체를 두려워하지 말고 그 기적
을 일으킨 주님을 두려워하고 경외하며 그분에게만 영광을 올려
드린다면 기적은 더욱 큰 부흥을 가지고 올 것입니다. 누구든지
"한번 와 보라."고 외치지 않을 수가 없을 것입니다. 이 시대에
메누하의 운동이 곳곳에서 일어나도록 메누하의 꿈에 동참한 우
리 모두가 겸손하게 주님의 도움을 기다리게 되기를 기도합니다.

하나님의 이름이 거룩이 여김을 받으시오며

메누하의 마지막 꿈은 하나님의 이름이 거룩히 여김을 받는

것입니다. 하나님의 뜻이 이 땅에서도 이루어지는 것입니다. 하나님의 나라가 이 땅에서도 이루어지는 것입니다. 예수 그리스도께서 아버지의 뜻을 이루기 위하여 그렇게 목말라하셨던 것처럼, 메누하도 하나님의 뜻이 이 땅에서 이루어지기 위하여 목마른 행진을 하고 있습니다. 한국 곳곳에서 부흥이 일어나기를 원합니다. 주님은 "한국이 일어나면 온 세계가 일어난다. 나는 한국 이외에 다른 나라를 통하여 마지막 부흥을 일으킬 계획을 가져 본 적이 없다. 세상 어느 나라에도 한국처럼 기름부음이 저축된 곳이 없기 때문이다. 그러나 한국은 너무 종교적이다. 너무 외식적이다. 남에게 보이고 인정받기 위하여 너무 애를 쓰고 있다. 큰 교회가 되기 위하여 너무 애를 쓴다. 이러한 교회들이 기름부음을 통하여 부흥이 된다면 한국은 온 세계를 일으킬 지도자 나라가 될 것이다."라는 말씀을 주셨습니다.

마태복음에 이러한 말씀이 나옵니다. 한 귀신 들린 사람을 예수님이 고쳐주었더니 바리새인들이 바알세불의 힘을 빌어서 이 일을 했다고 비난하였습니다. 예수님은 이러한 바리새인들에게 어떻게 귀신이 귀신을 내어 쫓느냐고 말씀하시면서 그러한 행동은 성령훼방이라고 말씀하셨습니다. 성령님의 도움을 힘입어 일어난 일을 귀신의 도움을 힘입어 일어난 것이라고 말하는 것, 이것이 성령훼방이라고 말씀하셨습니다. 그러면서 먼저 강한 자를 늑탈하여야 그 집에 들어가 세간을 늑탈하지 않겠느냐고 말씀하셨습니다.

"그러나 내가 하나님의 성령에 힘입어 귀신을 쫓아 내는 것이면 하나님의 나라가 이미 너희에게 임하였느니라"(마 12:28).

귀신을 쫓아내고 하나님이 주인이 되어 다스리시게 되면 그곳에는 하나님의 나라가 임합니다. 하나님의 나라는 지역에 있는 것이 아니고 통치에 있기 때문입니다. 어디든지 하나님의 말씀에 다스림을 받고 순종한다면 그곳이 바로 하나님의 나라가 이루어지는 곳입니다. 메누하는 바로 이 땅에서도 하나님의 나라가 이루어지도록 선교의 도구가 되기를 원합니다.

메누하는 목마릅니다. 갈증이 있습니다. 그것은 한국 교회가 기름부음으로 덮이는 그날이 오기를 기다리는 목마름입니다. 말씀으로만 강조하면 되지요!! 라고 말씀하시는 목회자들에게 뜨거운 기름부음의 역사가 있기를 기도하며 목말라 합니다. 모든 믿는 자들에게 나타나는 '손을 얹은즉 병이 낫는' 역사가 한반도에 물밀듯 일어나는 것에 대한 목마름이 있습니다(막16:17,18).

성경에 보니까 주님도 목이 마르다고 하셨습니다. 주님의 목마름은 온 인류를 구원하시기 위한 목마름입니다. 주님은 십자가 위에서 우리의 목마름을 다 가지고 가셨습니다. 그래서 주님이 더 목이 마르십니다. 속히 한 명이라도 더 복음을 받아드려 주님이 오실 날을 예비하기를 기다리십니다. 주님은 모든 것을 하늘에서 이루셨지만 땅에서도 이루어지기 위하여 우리들의 동역이 필요합니다. 메누하의 사역이 온 땅을 덮을 때, 이날이 앞당겨 지고 주님의 목마름이 끝나게 될 것입니다.

팔복에서는 이렇게 목마른 자가 복이 있다고 하셨습니다. 목이 마른 자들에게 주님은 채워주시고 부어주십니다.

"의에 주리고 목마른 자는 복이 있나니 그들이 배부를 것이요"
(마 5:6)

세상에 주리고, 공간을 확장하려고 주리고, 물리적인 것을 가지려고 주리는 것이 아니라, 의에 주리고 목마른 자가 복이 있다고 하였습니다. 그 의(義), 그분이 그리스도이십니다. 그리스도에 대하여 주리고 목마른 자는 복이 있습니다.

목마른 수가의 사마리아 여인은 주님을 만나고 그 문제를 해결 받았습니다. 매일 길어먹던 물동이가 더 이상 필요하지 않게 되었습니다. 그녀는 영원한 생수인 그리스도를 만났고 그는 곧 마을로 뛰어 들어갔습니다. 목마른 니고데모도 주님을 만나러 왔습니다. 어떤 것도 부족하지 않았던 니고데모는 밤중에 찾아

와서 주님으로부터 영적인 치유를 받았습니다. "어찌, 어찌"하고 의심을 하던 니고데모가 예수님을 위한 귀한 후원자가 되어 주었습니다. 메누하의 사역은 이렇게 목마른 자들을 위한 것입니다. 예수님이 한 사람이라도 더 구원하시기 위하여 목마른 것처럼, 메누하는 한 명이라도 더 기름부음 아래로 들어와서 신선하고 신성한 기름부음을 매일 공급받고 하나님의 나라를 이 땅에 이루어 가게 하기 위하여 목마릅니다. 이 거룩한 목마름의 행진에 여러분들이 있고, 여러분들의 동역의 손길이 있습니다. 그것이 그나마 이 외로운 길을 걸어가는 자들이 쉬지 않고 달려갈 수 있는 힘을 줍니다.

하나님 나라는 지역의 의미가 아니라 통치의 의미입니다. 곧 하나님의 다스림 속에 들어가는 것입니다. 하나님의 나라가 이루어지기 위하여 가장 중요한 것은 순종입니다. 하나님의 뜻이 무엇인지 알고 그 말씀에 순종하는 것입니다. 이렇게 될 때, 하나님의 나라가 이 땅에서도 이루어지게 됩니다.

메누하는 하나님의 구속사가 이 땅 위에서 이루어지도록 역사에 동참합니다. 메누하는 산 속의 운동이 아니라 산 아래에서 하나님의 나라가 이루어지도록 참여하는 사역입니다. 갈릴리 바닷가에서 목회를 하신 주님처럼 삶의 터전을 떠나지 않고 그 곳에서 하나님의 구속사가 이루어지도록 현장을 떠나지 않습니다.

신학대학교, 신학생, 과부와 고아들, 그리고 해외선교를 위하여 아낌없이 선교헌금을 보내고 있습니다. 그리고 아이들부터, 청년들까지, 사모님과 목회자들까지 열심히 배우고 훈련을 받으면서 온전한 신앙생활을 하도록 돕고 있으며 산 아래의 삶으로부터 도피하지 않고 그 곳에서 하나님의 나라가 이루어지도록 격려합니다. 주님이 오실 때까지 이 사역은 계속됩니다. 교회와 가정, 그리고 사회에서 하나님께서 마음껏 일하시고 마음껏 높임을 받을 수 있을 때까지 메누하는 달려갑니다. 무시당하고 땅에 떨어져버린 하나님의 이름을 다시 회복시켜 드리는 일을 향하여 달려갈 것입니다. 하나님이 아끼셨던 거룩한 이름이 온 세상에서 다시 회복되어 그분을 예배하고 주인으로 삼는 많은 족속들이 일어날 때까지 메누하는 달려갑니다. 그래서 주님이 이 땅에 다시 오셔서 모든 시간을 완성하시고, 구속사를 완성하실 때까지 메누하는 땀을 흘릴 것입니다.

"그러나 이스라엘 족속이 들어간 그 여러 나라에서 더럽힌 내 거룩한 이름을 내가 아꼈노라 그러므로 너는 이스라엘 족속에게 이르기를 주 여호와께서 이같이 말씀하시기를 이스라엘 족속아 내가 이렇게 행함은 너희를 위함이 아니요 너희가 들어간 그 여러 나라에서 더럽힌 나의 거룩한 이름을 위함이라"(겔 36:21,22).

메누하의 신앙고백(menuha's vision statement)

메누하는 삼위일체되신 하나님께서 역사와 그리스도를 통하여 당신을 계시하시고 어제나 오늘이나 내일이나 동일하게 영원하게 우리를 다스리시는 주님이 되심을 고백합니다. 우리는 그분의 통치를 받는 백성들입니다.

또한 어제나 오늘이나 영원히 동일하신 예수 그리스도는 십자가 위에서 모든 것을 다 이루셨고, 믿는 모든 자들에게 구원받을 길, 치유 받을 길, 부요하게 되는 길, 죽음과 저주에서 놓임을 받는 모든 길을 이루셨음을 믿습니다.

메누하는 주님이 다시 재림하시는 길을 예비하기 위하여 성령의 기름부음을 받아 시대를 분별하는 말씀을 전하고 종교적이고 바리새적인 교회의 틀로부터 벗어나 생명과 활기, 기적과 표적이 넘쳐나는 사도행전의 목회를 계속합니다.

메누하에서는 모든 것을 거저 받았으므로 거저 주는 사역을 하며, 은사나 능력이나 모든 것도 임파테이션을 하여 서로가 서로에게 더욱 풍성한 동역자들이 되도록 하며, 혼자서 은사나 능력을 소유하는 것이 아니라 나누면 나눌수록 더욱 풍성해지고, 본대로 그대로 하면서 엘리야의 모든 사역이 엘리사에게 이어져

간 것처럼 사도행전의 사역들을 지금, 여기에서 나누면서, 그대로 이어나갑니다. 목회자들이 먼저 교육받고, 평신도들에게 그대로 전해주는 제자사역을 합니다. 메누하는 배우며 전하고, 그대로 실천하는 사역을 주도합니다.

메누하는 예수 그리스도의 구원의 사역 안에, 치유가 포함되어 있음을 믿으며, 예수 그리스도께서 구원을 이루셨을 때에, 치유도 우리에게 선물로 주셨으며, 전인격적이고 통전적인 치유의 복음전파가 있는 곳에는 언제나 함께 일어남을 믿습니다.

그래서 하나님의 나라가 하늘에서도 이루어진 것처럼 이 땅에서도 이루어지고 새 하늘과 새 땅이 임할 때까지 그리스도 안에, 그리스도와 함께, 그리스도를 위해 전진합니다. 그분의 이름이 높임을 받고 모든 어두운 세력이 멸망하여 그 앞에 무릎을 꿇을 때까지 신부로서, 군사로서 주님이 맡겨준 십자가를 지고 달려갈 것입니다.

또한 자랑의 면류관, 생명의 면류관, 의의 면류관, 영광의 면류관이 예비되어 있는 것을 믿으면서 영원한 지금, 메누하(쉼) 안으로 들어가서 영원한 천국을 이 땅에서도 미리 맛보고(foretaste) 삽니다.

그래서 지금 이 땅에서도 보좌 중심의 생활, 생명의 생활, 증인의 생활, 성전의 생활을 누리며 살 뿐 아니라 메누하를 삶(생활)으로 전하는 증인이 되어서 메누하를 선물하는 축복의 통로가 될 것입니다. 또한 하나님께서 가장 원하시는 거룩한 성전의 삶을 살 뿐만 아니라 날마다 잔치하는 영성으로 살아갑니다.

아멘!!

그러한 삶이 실제로 화육하기 위하여
메누하되신 주님과 결혼하였으며 연합하였습니다.

그분이 내 안에, 내가 그분 안에 거하면서
풍성한 열매를 많이 맺어
제자라 일컬음을 받을 뿐만 아니라
하나님께는 기쁨을,
이웃에게는 풍성한 열매를 나누어주는 자로 살아갈 것입니다.

메누하 사역 연락처

메누하의 공식 홈카페/주예수영성마을
http://cafe.daum.net/bride23

윤남옥 목사의 글방(영성산책)
http://cafe.daum.net/yunnamok

메누하 건강식품 카페
http://cafe.daum.net/menuhafoods

메누하 건강식품 인터넷 쇼핑몰
www.menuhafoods.com

미주지역 메누하 인테넷 쇼핑몰
www.menuhashop.com

윤남옥 목사 이메일
yunnamok@gmail.com

※ 메누하 사역의 연중 행사 ※

▶▶ 메누하 목회자 학교와 메누하 사모 학교

메누하 목회자 학교와 사모 학교는 메누하 사역의 신학적 기초들을 배워서 목회 현장에 접목을 하고 또한 평신도들을 훈련시켜서 든든히 세워져가는 교회가 될 뿐 아니라 기름부음으로 부흥의 역사를 이끌어가도록 돕기 위하여 시작되었습니다.

▶▶ 학습기간

메누하 목회자 학교와 메누하 사모 학교는 5회 세미나에 참석하실 때, 졸업을 하게 됩니다. 졸업캠프까지 모두 여섯 번 참석하셔야 합니다. 다 참석하시면 2년 걸립니다.

▶▶ 주제

1. 구속사적 성서연구

구속사적 성서연구는 메누하의 성경해석학을 배우는 과정으로써, 성경의 역사를 구속사로 보고 하나의 우주적이고 거시적인 역사의 관점에서 성경을 해석해 나갑니다. 성경을 모범화(moralizing)하지 않고 신학화(theologizing)하며, 성경을 예수 그리스도를 통하여 계시되는 하나님의 구속의 역사로 봅니다. 그러므로 성경에 나오는 인물을 신격화하지 않고 오로지 예수 그리스도를 찾아나가며, 예수 그리스도의 언약을 통하여 어떻게 하나님께서 약속을 성취해나가는 가를 배우게 됩니다.

도서: 나는 그들의 하나님이 되리라(구약편)(소망사),
새 언약이 되신 그리스도(신약편)(메누하)(출판예정)

2. 영성총론: 네가 온전하기를 원하느냐?

메누하의 영성은 화육적 영성입니다. 그리고 이 화육적 영성의 구체적인 실제는 증인의 영성, 성전의 영성, 잔치의 영성입니다. 그리고 영성의 단계를 8단계(영성의 깊이와 높이)로 나누는데 육신적인 그리스도인, 정신적인 그리스도인, 종교적인 그리스도인, 실리적인 그리스도인, 성결의 그리스도인, 진리의 그리스도인, 증인의 그리스도인, 예배의 그리스도인에 대하여 배우게 됩니다. 또한 영성의 넓이(내적 영성, 외적 영성)에 대하여도 배웁니다.

과연 온전하게 된다는 것은 무엇을 의미합니까? 성전의 영성은 구체적으로 무엇이며 잔치하는 영성은 어떤 것을 의미합니까? 왜 교회의 성도들이 성장하지 않을 뿐만 아니라 안 믿는 사람들로부터 비판을 받는 것일까요? 이 화육적 영성은 어떻게 실제가 되는가에 대하여 350쪽의 교재를 가지고 공부하게 됩니다. 이 과정을 마치게 되면 먼저 자신의 영성의 단계를 점검하게 되고, 또 성도들이 지금 어디에 머물고 있는가를 알게 됩니다. 왜 성도들이 자라나지 않습니까? 영성의 성장을 방해하는 요인들은 무엇인지요? 이러한 요인들도 배우게 됩니다.

이러한 영성훈련을 마치게 되면 교회에서 무조건 모든 성도들을 한자리에 앉혀 놓고 일방적인 교육을 시키지 않게 되고, 개별적으로, 인격적으로 한 사람 한 사람을 성장시킬 수가 있게 됩니다. 그래서 영성지도자가 됩니다.

영성지도자, 목회자, 상담자, 가르치는 자 가운데에서 영성지도자가 된다는 뜻은 한 사람 한 사람의 영성을 맞춤 교육, 눈높이 교육을 할 수 있게 된다는 뜻입니다. 성도들의 영성의 깊이와 높이, 그리고 넓이를 이해하기 때문에 개별적으로 도울 수 있게 되고 성도들도 든든하게 서 가게 할 수가 있습니다.

교재: 네가 온전하기를 원하느냐?(메누하)

3. 기름부으심

메누하 사역의 핵심인 기름 부으심을 이해하는 과정입니다. 기름 부으심이 무엇이며 기름 부으심이 일어날 때 어떤 현상이 일어납니까? 성경에 나오는 기름 부으심의 역사와 예수 그리스도의 기름 부으심, 성도들의 기름 부으심, 사역을 위한 기름 부으심, 그리고 능력 아래 쓰러짐과 임파테이션, 기름부음을 더 높이려면? 기름부음사역에서 주의할 점 등에 대하여 배웁니다. 이 과정에도 300여 쪽에 이르는 교재가 준비되어 있습니다.

교재: 기름부으심(메누하)

4. 메누하(안식)와 시간의 지성소

메누하의 성전의 영성을 배우는 과정입니다. 성령의 은사로 신령한 집으로 세워지는 과정과 시간의 지성소에 대하여 이해하는 과정입니다. 왜 메누하의 사역이 특별합니까? 그것은 성전으로 세워지도록 돕고 있기 때문입니다. 어떻게 내 안에 성전이 세워집니까? 그 과정은 어떤 것이며, 어떤 도구를 통하여 성전이 세워집니까? 그 성전은 구체적으로 누구이며, 메누하의 시간의 지성소의 개념은 어떤 것입니까? 메누하의 시간의 지성소의 개념을 통하여 목회의 기반을 다시 잡고, 하나님의 나라가 이 땅에도 임하도록 일어서게 됩니다.

도서: 성령의 은사로 신령한 집 세우기(도서출판 진흥)
나는 안식(메누하)과 결혼하였다(메누하)

5. 치유사역으로의 초대

메누하 사역에서 치유를 이해하는 것은 가장 중요합니다. 메누하사역의 특징은 모든 것을 임파테이션 하여 성도들도 나가서 사역을 하도록 돕고 있습니다. 치유도 마찬가지입니다. 치유사역의 성경적 근거와 예수 그리스도의 치유사역을 배우면서 모든 목회와 성도들이 치유사역을 할 수 있도록 돕습니다.

메누하 사역의 치유사역은 구원사역이고, 온전하고 전인격적인 사역입니다. 이 사역의 성경적 근거를 배우고, 어떻게 치유기도 할 것을 배우고, 어떻게 질병의 원인을 분별하며 어떤 도구를 가지고 치유에 임할 수 있는지 배우게 됩니다. 한방은 언제나 비방(秘方)이라고 말하지만 메누하 사역은 누구든지, "그대로 하면 그대로 된다."는 원리에 입각하여 모든 목회자와 평신도들을 치유사역으로 초청합니다. 누구나 쉽게 치유사역자가 되도록 도와서 목회에 적용하도록 돕는 과정입니다.

교재: 치유사역으로의 초대(200쪽 교재/메누하)

※ 메누하 능력치유집회 (년중 2회)

메누하 능력치유집회는 해마다 5월과 10월에 열립니다. 윤남옥 목사와 안드레 잭슨 목사와 그 외에 초청강사로 이루어지는 이 집회는 능력 치유에 강조점을 두고 있습니다. 기름부음의 찬양과 말씀, 그리고 안수기도로 이루어지는 이 집회는 수많은 불치병 환자들에게 치유의 선물을 주었으며, 많은 성도와 목회자들에게 회복의 기회를 주었습니다.

5년 이상 이 집회가 계속되었으며 갈수록 더 많은 분들이 치유의 은혜에 들어갑니다.

귀먹은 자들, 눈먼 자들, 암으로 투병하는 자들, 불면증, 갑상선암, 폐암, 위암, 직장암, 파킨스씨 병, 불임, 이루 다 열거할 수 없는 질병들이 이 집회를 통하여 치유되었으며 마비 환자들이 풀리고 움직이지 않던 눈동자들이 움직이는 등, 하나님의 기적을 매 번 경험하였습니다. 메누하 능력치유집회는 찬양과 말씀과 기도를 통하여 하나님의 구원의 역사, 치유를 체험하게 하며 기름부음의 현장이 어떠한 것인가를 체험하게 합니다.

특별히 메누하 집회에서는 축사가 많이 일어나며 잘 믿고 있다고 생각하는 종교적 그리스도인들조차 종교의 영이 떠나가며 진정한 기쁨과 평강을 누리게 되었습니다.

　장소는 양수리 수양관에서 매번 가졌으며, 목회자와 평신도가 함께 모일 경우도 있고 두 번에 나누어 각각 다른 기간에 집회를 가질 때도 있습니다.

※ 메누하 건강캠프(년중 4회)

　메누하 건강캠프는 메누하 건강식품이 시작되면서 함께 시작되었습니다. 메누하 능력치유집회를 통하여 많은 치유를 받고 있지만 그 이후에 다시 질병이 재발할 수도 있고, 더욱 심해지는 경우도 있습니다. 그것은 안수만 받고 몸을 청지기 하지 않았기 때문입니다.

　메누하 건강캠프는 찬양, 말씀, 안수기도와 더불어, 식이요법 강의, 웃음강의, 운동, 그리고 건강보조식품 등을 통하여 지속적으로 건강을 유지할 수 있도록 돕습니다. 윤남옥 목사 이외에 건강에 대한 전문인들을 초청하여 건강캠프를 이끌어나가고 있습니다.

이제 병원에서는 소망이 없다고 진단을 받은 분들,
비만이나 만성질병에서 해결이 되지 않는 분들,
당뇨가 조절이 되지 않는 분들,
가족력에 의하여 계속 대를 이어가며 아프신 분들,
부정적인 생각으로 가난하고 아프고 인생이 힘이 드신 분들,
모두를 초청합니다.

오셔서 함께 시간을 나누면서 건강에 대한 비밀, 건강할 수 있는 비법을 터득하고 돌아가시기 바랍니다. 능력치유집회와 다른 것은 그 치유집회에서 하는 것에 더하여 운동과 식이요법 강의와 건강보조식품이 제공되어, 건강을 낚을 수 있는 비법을 가르쳐 드립니다. 더욱 온전하고 전인격적인 건강캠프에 많은 관심을 가져 주시기를 바랍니다.

●○○ 윤남옥 목사의 저서들 ○○●

■ 가정에 관한 서적들

자녀를 부요케하는
365일 축복기도
값 12,000원

영한편
자녀를 부요케하는
365일 축복기도
값 13,000원

남편을 세우는 기도,
아내를 위한 기도
값 9,000원

태교가 아름다우면
그 인생이 아름답다
값 10,000원

■ 내적치유에 관한 서적들

내적치유일기
(구약편)
값 9,500원

내적치유일기
(신약편)
값 9,000원

과거의 상처와
아름답게 작별하기
값 9,000원

■ 기독교 영성에 관한 책

성령의 은사로
신령한 집 세우기

값 9,000원

**랜드웍과
문지기 사역의**
이론과 실제

값 12,000원

■ 주님의 방문 시리즈

나의 사랑하는 신부여
이렇게 치유하라

값 8,000원

땅이여 희년의
나팔을 불어라

값 8,000원

사도행전의
임파테이션

값 10,000원

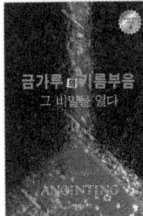

신령한
금가루의 기름부음,
그 비밀을 열다

값 8,000원

■ 성서연구편

구속사적 성서연구
나는 그들의 하나님이 되리라
(구약편)

값 12,000원

나는 **안식**과 결혼하였다

초판인쇄 2010년 10월 7일
초판발행 2010년 10월 12일

지 은 이 윤남옥
펴 낸 이 장석식
펴 낸 곳 메누하영성출판소

등록번호 126-91-20214
주   소 경기도 여주군 여주시 여주읍 교회 84-16
전   화 (한국)019-234-3446 (미국)909-946-9665
총   판 도서출판 진흥 (02)2230-5155
홈페이지 http://cafe.daum.net/bride23
e-mail yunnamok@gmail.com

ISBN 978-89-959925-5-5

정가 9,000원